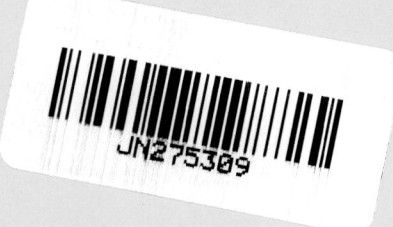

小児科医が見つけた えほん エホン 絵本

「小児科医と絵本」の会 編著

医歯薬出版株式会社

This book was originally published in Japanese
under the title of :

SHONIKAI GA MITSUKETA EHON EHON EHON
(Picture Books Favorite with Your Pediatricians)

Editor :
Your Pediatricians and Books

ISHIYAKU PUBLISHERS, INC.
7-10, Honkomagome 1 chome, Bunkyo-ku,
Tokyo 113-8612, Japan

『小児科医が見つけた えほん エホン 絵本』

● 編集委員

小野《おの》　元子《もとこ》　おのクリニック（千葉県松戸市）

北原《きたはら》　文徳《ふみのり》　北原こどもクリニック（長野県伊那市）

佐々木《ささき》邦明《くにあき》　佐々木こどもクリニック（名古屋市）

住谷《すみたに》　朋人《ともひと》　住谷小児科医院（高松市）

高田《たかだ》　修《おさむ》　たかだこども医院（宮城県宮城郡）

多田《ただ》　香苗《かなえ》　明和病院（兵庫県西宮市）

谷村《たにむら》　聡《さとし》　たにむら小児科（山口県周南市）

松田《まつだ》　幸久《ゆきひさ》　まつだこどもクリニック（鹿児島県鹿屋市）

● 執筆協力

石井《いしい》アケミ《あけみ》　石井小児科（宮城県多賀城市）

岡藤《おかふじ》　輝夫《てるお》　岡藤小児科医院（兵庫県姫路市）

荻田《おぎた》　安時《やすとき》　おぎた小児科医院（新潟県柏崎市）

金子《かねこ》　淳子《じゅんこ》　金子整形外科・小児科医院（山口県宇部市）

川上《かわかみ》　初美《はつみ》　かわかみ整形外科小児科クリニック（山口県宇部市）

佐藤《さとう》　雄一《ゆういち》　佐藤小児科（宮崎市）

杉原《すぎはら》　桂《かつら》　多摩センター北口田村クリニック小児科（東京都多摩市）

杉山《すぎやま》　和子《かずこ》　杉山内科小児科医院（山口県防府市）

高橋《たかはし》菜穂子《なほこ》　小児科高橋医院（東京都町田市）

時松《ときまつ》　昭《あきら》　時松小児科（埼玉県所沢市）

中川《なかがわ》　礼子《れいこ》　古川病院小児科（徳島市）

町田《まちだ》　孝《たかし》　まちだ小児科（沖縄県中頭郡）

和田《わだ》　浩《ひろし》　健和会病院（長野県飯田市）

● 編集協力

三輪《みわ》　哲《てつ》　子どもの本専門店メルヘンハウス代表（名古屋市）

（五十音順）

はじめに

この本を作ったのは小児科医です

2000年の夏、日本外来小児科学会で絵本のことを話し合う集まりが始まりました。「待合室にはどんな絵本を並べようか」とか、「小児科医院を訪れる親子に絵本の楽しみを伝えるのにはどうしたらよいだろうか」などをテーマにみんなで考えました。絵本が好きでたまらない小児科医が集まってきました。保育園や幼稚園に出かけて読み聞かせをしたり、育児支援に絵本を利用したり、学生の講義に絵本を読んだり、小児科医が絵本と深く関わっていることがわかってきました。

小児科医の絵本に対する熱い気持ちをもっとたくさんの人に伝えたい。そこで、『小児科医が見つけた えほん エホン 絵本』を作ることになりました。

この本の読み方

小児科医が見つけた絵本に関わる小さなお話がつづられた本です。決して、小児科医が勧める絵本のリストではありません。絵本の好き嫌いはこどもの大切な個性のあらわれです。でも、食べず嫌いになってほしくありません。

そうです、これはレストランのメニューのような本かもしれません。

ページをめくると、おいしそうな香りが伝わってくるでしょう。

「こんな絵本を読んでみたいな」と思ったら注文してください。巻末に全国児童書専門店のリストを載せました。注文の前に味見をしたい方は、近くの小児科の本棚や図書館を探してみてください。

そして、おもしろい絵本に出会ったら、独り占めしないで他の人にも教えてあげてください。絵本を話題にすてきなおしゃべりが弾むことでしょう。

ここは、始まりのページですが、この本は、どのページから開いても楽しめます。どこを開いても、何度見ても飽きない、絵本のおいしさがいっぱいの本に仕上がりました。

お医者さんや病院のスタッフの方へ

こどもの健康に関わるすべてのおとな達にもこの本を開いていただきたいと思っています。待合室やこどもが集まる場所には、テレビやビデオを置かずに、絵本を並べてほしいと願っているからです。

どんな絵本を並べようかと困った時に、この本を開いてみてください。こども達との実際の関わりをもとに小児科医が書いたエピソードですから、きっと役に立つと思います。

絵本を読み聞かせること

こどもを育てる環境がめまぐるしく変わってきています。私達が手に入れた英知をこども達に伝えていくためには、お互いの気持ちを伝える言葉を一番に大切にしなければなりません。

263-00439

言葉は人間の心に本来備わっている素質です。親からこどもに自然な形で伝えられてゆくものです。絵本は、読み聞かせてもらうこどもと、読み聞かせるおとなの二つの心の間を不思議な親密感で結びます。そして、お互いを慈しむための大事な言葉を学んでいくことでしょう。

さあ、恥ずかしがらずに大きな声で絵本を読んでみましょう。きっと誰かが耳を傾けてくれるに違いありません。

個人的なこと

とても個人的なことです。でも、この本が完成したら書きたいと思っていたことです。

ある難病の少年が私の診療所に通っていました。風邪などの軽い症状の時は診療所で治療し、病状が悪化すると大学病院の病棟に入院することを繰り返していました。新しい絵本を買ってくると、待合室に並べる前に少年に紹介することにしていました。にっこりと微笑む顔が好きだったからです。大学病院に入院する時には、数冊の絵本を選んで貸し出したりもしました。夏の始まりのある日、とても悲しい知らせを受け取りました。いつもは数日の入院で元気に帰ってくる少年が帰らぬ人になってしまったのです。この本ができあがったら、私は真っ先に少年の母親に届けようと思っています。「もっと、もっと、おもしろい絵本があるよ」と声をかけてあげたくて。

2005年夏

「小児科医と絵本」の会 編集委員

佐々木　邦明

小児科医が見つけた えほん エホン 絵本 もくじ

CONTENTS

263-00439

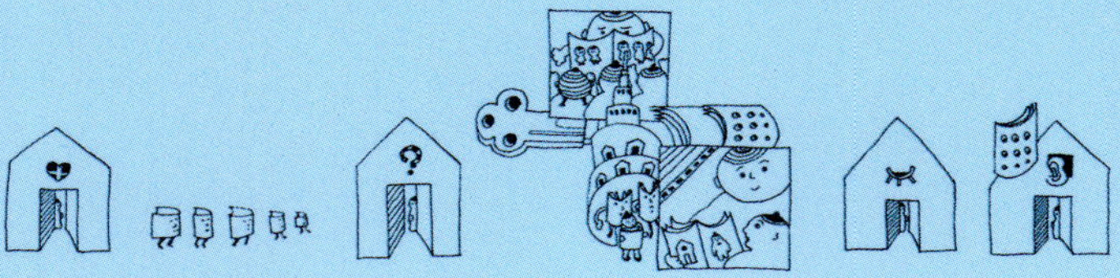

CONTENTS

263-00439

C O N T E N T S

263-00439

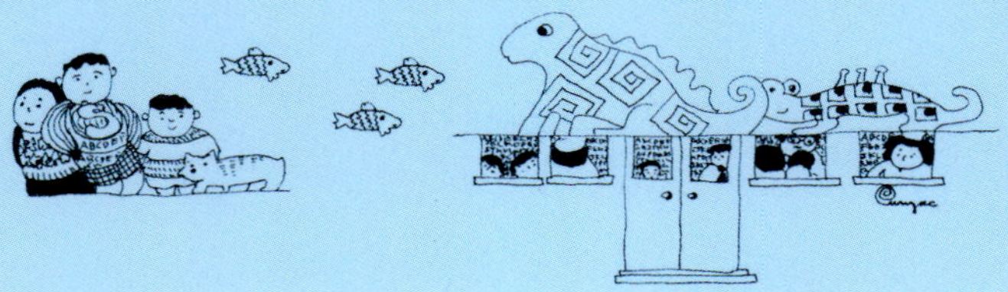

表紙・本文イラスト／佐々木邦明

表紙デザイン・本文レイアウト／イトーデザインスタジオ

＊本書で紹介する絵本等に関する情報は、2005年8月現在のものです。

＊作者名は、原則として絵本の表紙通りに表記しています。

＊発行年は、原則として絵本の初版年、改訂版・新装版の場合はその初版年、翻訳本の場合はその初版年を表記しています。

＊価格は、2005年8月現在の税込み価格です。

263-00439

小児科医が読み聞かせる絵本

1　じゅげむ

川端 誠/作　クレヨンハウス　1998年　1,260円（税込）

落語絵本シリーズの１冊。
言わずと知れた、落語「じゅげむ」を元にしたお話。

幼稚園での読み聞かせデビュー

僕が絵本に興味を持ったのは、ほんの2年前からでした。開業して1年ほど経ち、育児支援をどのように行おうかと思案している時に絵本と出会いました。まずは、自分の3人の娘達に読み聞かせを始めました。こども達は大喜びで、絵本の素晴らしさを体感しました。

そこで、もっとたくさんのこども達に絵本を楽しんでもらおうと思い、園医をしている幼稚園で読み聞かせを始めることになりました。デビューは年少さんのクラスでした。

30人ほどの園児を前に、いざ本番が始まりました。『ぐりとぐらのえんそく』、『きんぎょがにげた』と順調に読め、こども達の反応も良好でした。予想以上にうまくいったので、調子に乗った僕は『じゅげむ』を読み始めました。担任の先生が一瞬「えっ」と言う顔をされたのですが、テレビでも人気があるので大丈夫だろうとたかをくくっていました。

最初のほうは聞いてくれて、「じゅげむ、じゅげむ、ごこうの……」も1回目は一緒に言ってくれました。ところが、お話はまだまだ続くので、だんだんザワザワし始め、ついには立ってウロウロする子も出始めました。僕は冷や汗をだらだら流し、だんだん早口になりつつ何とか読み終えました。年少さんには、長いお話はまだ無理だったのです。ほろ苦い読み聞かせデビューとなりました。

こども達に楽しんでもらおうと思って読み聞かせを続けていますが、実は僕自身が一番楽しんでいるのかもしれません。読み聞かせをするたびに、いつもこども達から元気をもらって帰って来ていますから。

関連する絵本

ぐりとぐらのえんそく
中川李枝子/文　山脇百合子/絵
福音館書店
1983年　840円（税込）

きんぎょが にげた
五味太郎/作
福音館書店
1982年　780円（税込）

住谷朋人●住谷小児科医院/高松市

263-00439

2　やさいの おなか

きうちかつ/作・絵　福音館書店　1997年　1,050円（税込）

「これなあに？」といってページをめくると、黒い影が出てきます。これは不思議な野菜の切り口の形です。いろんな形をしていて、自然美を感じます。次々に出てくる「やさいのおなか」に、ドキドキ、ワクワクします。

こどもの観察力は偉大だ！

宮崎県の木城町に絵本の郷があります。そこを訪れていた時のことです。ちょうど絵本の読み聞かせが始まりました。その日は、たまたまこども達は誰もいませんでした。春休み中の大学生のグループと私のグループのおとなだけだったのです。

読み手の女性が澄んだ大きな声で、「これなあに？」といって絵本のページを開きました。絵は、野菜を輪切りにして、それに墨をつけた芋版のような白黒のものです。次のページには答えの野菜が描かれています。

キャベツやれんこんなどはそれほど難しくはありませんでした。でも、難しいものがいくつかあるのです。

「えっ、なんだろう？」「わかんない。」

そんな声があちこちでして、ひとときの時間を楽しむことができました。でも、誰もわからなかった野菜が２つありました。

翌日、診察室に『やさいのおなか』の絵本を持って行き、こども達にためしてみました。お母さん達の反応や正解率は私の期待していたとおりで、こちらが間違ってほしいと思うところでちゃんと間違ってくれます。

なんと、４歳の女の子はすべて正解。また２歳の男の子は、１つ間違っただけでした。

こども達の観察力に驚かされた絵本でした。皆さんも、挑戦してみてはいかがですか。

関連する絵本

なにの こどもかな
藪内正幸/作
福音館書店
1987年　900円（税込）

▲こどもだけを見て，成長後の姿がわかるでしょうか？

だれかな？ だれかな？
なかやまみわ/作
福音館書店
2003年　600円（税込）

松田幸久●まつだこどもクリニック/鹿児島県鹿屋市

3　ままです すきです すてきです

谷川俊太郎/文　タイガー立石/絵

福音館書店　1992年　780円（税込）

鬼の子がドアのベルを鳴らそうとしています。部屋の中には「たぬき」「きつね」「ねこ」としりとり定番の住人が。やがてしりとりの世界はどんどん不思議でシュールな世界に突入し……。

のりまき　きった　たべよかな

言葉と絵が一体となる絵本では、「しりとり」も楽しい題材の一つになります。

この『ままです すきです すてきです』は、言葉と絵の組み合わせが絶妙です。谷川俊太郎さんのリズミカルな言葉回しに、タイガー立石さんの独特のシュールな絵がかみ合って、摩訶不思議な、それでいて楽しい絵本になっています。

表紙には鬼の世界が書いてあります。なんで鬼なんでしょう？　そう思いながら表紙をめくると、鬼の子が扉のベルを鳴らそうとしています。その部屋の中に住むのは、しりとりでは定番の「たぬき」「きつね」「ねこ」たち。窓の外には池が広がり、その岸辺では「たけうま」で「まり」をけ飛ばす小鬼がいます。連想は連想を呼び、「ごじら」が「らっぱ」を吹いて「ぱんつ」をはいていたり、「つなひき」する「きのこ」がいたり……。やがては「ちくおんき」「きく」「くま」や「すてーき」「きらいな」「なまけもの」が出現。

最後に「くらやみ」の中で「みしみし」「しくしく」「くすくす」「すべすべ」「べたべた」「たらりたらり」と擬音のしりとりが行われると、部屋の外で鬼の子が「りりーん！」とドアのベルを鳴らして、めでたく「ん」でしりとりは終了。

しかし、鬼の子がドアのベルを鳴らす姿で、絵は再び表紙につながってしまいます。ドアのすき間からしみ出る不気味な「くらやみ」は、無限地獄の象徴でしょうか。

タイガー立石さんは、1998年に56歳の若さで亡くなりました。『とらのゆめ』など本格的な現代絵画で構成される絵本は、始めはとっつきにくさを感じるようですが、繰り返し見るうちに次第に多くのこども達を魅了していくようです。

関連する絵本

ぶたたぬききつねねこ
馬場のぼる/作
こぐま社
1978年　1,050円（税込）

▲しりとり遊びにストーリー性を持たせ、場面と場面をしりとりでつなぐユニークな絵本。

しりとりあそびえほん
石津ちひろ/作　荒井良二/絵
のら書店
2002年　1,050円（税込）

▲「大きくなるしりとり」「小さくなるしりとり」ほか、春・夏・秋・冬や白・赤・緑などがテーマ。

高田　修●たかだこども医院/宮城県宮城郡

263-00439

4　きょだいな きょだいな

長谷川摂子/作　降矢なな/絵

福音館書店　1994年　840円（税込）

100人のこども達が、のはらでみつけた巨大なものは……。
はて？　何だったでしょう！

はじめての読み聞かせにピッタリ

「あったとさ　あったとさ」で始まるこの絵本、すぐにリズムに乗れるんです。どんどん読み手をエスカレートさせます。もっと、うまく読もうと思うんです。音読は、前頭葉に良いはずです。

「ひろい　のっぱら　どまんなか　きょだいなピアノがあったとさ。」

100人のこどもが、おにごっこ。ピアノにうつったこどもまで、元気いっぱい、かけっこしてる。

100人のこどもなんて、今のご時世には、見られないよ。

命の源のような元気がみなぎってる！

命の凝縮された象徴みたいな桃太郎が出てきます。

100人の桃太郎さん！　世の中、綺麗にしてください！

巨大なトイレットペーパーがころがって、ゆうやけこやけが綺麗だね。

星空の下で、ガラス瓶の中に眠るなんて、みーんな大好き！

きらきら光った夢を見ながら、僕も入りたーいって顔して見ているこども達、ページがめくれないよ！　君達の瞳もきらきら輝いて、ほら！　ガラスに映ってるよ！

巨大な扇風機が、見事に自分のおうちに帰してくれる。

巨大な電話も、今ではなかなか見られないね。

きょだいなきょだいな絵本で見てごらん！　迫力満点！　満足度２００点！

関連する絵本

おおきなかぶ
A.トルストイ/再話
内田莉莎子/訳
佐藤忠良/画
福音館書店
1966年　780円（税込）

▲読み聞かせ会ではこども達の「うんとこしょどっこいしょ」の大声援。

ねずみくんのチョッキ
なかえよしを/作　上野紀子/絵
ポプラ社
1974年　1,050円（税込）

▲ぞうさんのブランコにはこども達も乗りたがります。

杉山和子●杉山内科小児科医院/山口県防府市

5　ふしぎなナイフ

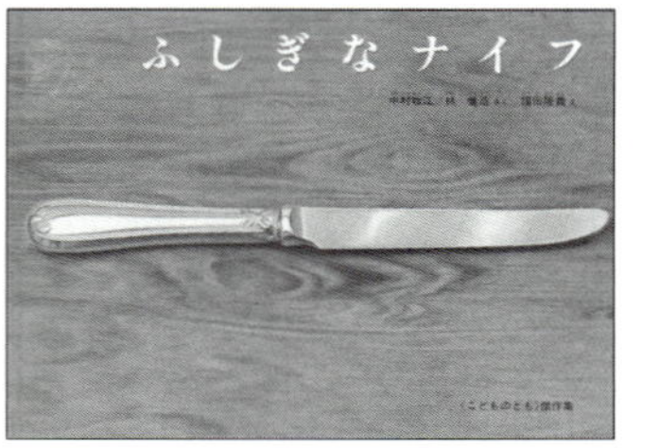

中村牧江、林 健造/作　福田隆義/絵

福音館書店　1997年　780円（税込）

ふしぎなナイフが、まがる？　ねじれる？　おれる？……と
予想もできない変化をしていきます。
最後には、一体どうなってしまうのでしょうか？

想像力をかきたてる不思議な絵本

　この絵本に出会った時の衝撃は忘れられません。読み聞かせをしてもらったのですが、「ふしぎなナイフが“まがる”」と始まったとたん「えーっ」、次に“ねじれる”でまた「えーっ」、その次は“おれる”で「あーっ」、そのまた次は“われる”でまた「えーっ」、“とける”で「おーっ」、“きれる”で「えーっ」（ナイフで切るのではなく、ナイフが切れています）、そして“ほどける”で「うえ〜っ」……と、驚きの連続なのです。

　これはと思い、すぐに購入し、こども達に読み聞かせをしました。こども達の「えー」「あー」「おー」という歓声が続きます。小学生は「ありえ〜ん」と叫んでいました。読み終わると、「もう一回」とアンコールされ、それが終わると「見せて」「見せて」と絵本は引っ張りだこでした。

　何回も何回も絵本を眺めたこども達は、ついには「ふしぎなナイフごっこ」を始めたのです。自分達の身体を使って、まがったり、ねじれたり、やっているのです。こどもの感受性、想像力の豊かさに感心し、それを刺激したこの絵本に、またまた驚きました。

　30年以上前に出版された『こっぷ』（福音館書店、1971年）という絵本があります。科学絵本、認識絵本の代表作の一つです。本物のコップが、切れたり、割れたり、溶けたりしている写真による絵本です。初めて『こっぷ』を見たこども達も、きっと驚きの声をあげたに違いありません。残念ながら、今は絶版ですが、図書館などで探してみてください。

　物語やお話とはまた違った面から、こども達の心をつかむ絵本もあるのですね。

関連する絵本

ふしぎなえ
安野光雅/絵
福音館書店
1971年　780円（税込）

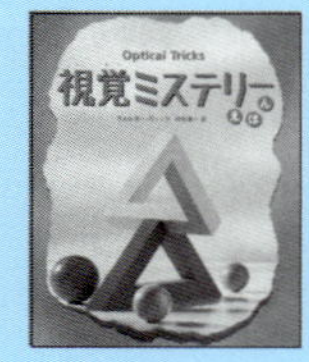

視覚ミステリーえほん
ウォルター・ウィック/作
林田康一/訳
あすなろ書房
1999年　1,890円（税込）

住谷朋人●住谷小児科医院/高松市

263-00439

6　さつまのおいも

中川ひろたか / 文　村上康成 / 絵

童心社　1995 年　1,365 円（税込）

おいもは、土の中でおいしくなるために、いろんな努力をします。
そして、秋。幼稚園の運動会。園児との綱引きの始まり！
結果は、園児達の大勝利、とれたおいもで焼きいも大会。
でも、本当の勝利者は？

「プッ、プー！」「はっ、はっ、はっ。」

さつまいもは、こども達も、もちろんお母さん達も大好きな食べ物です。この絵本を手にした時から、“焼きいも”と“おなら”の予感がしました。そんなユーモラスな面構えのさつまのおいも達が描かれていました。

さつまいも達は、土の中で、おいしいいもになるために、一年間生活をします。こども達の一日と同じように、歯をみがき、ご飯を食べ、トイレにも行くし、お風呂にも入ります。土の中で、運動もします。

そして、いよいよ収穫の時がやってきました。幼稚園のこども達が畑にやってきて、いものつるで、綱引きのはじまり、はじまり！

読み聞かせの時は、こども達が、大きなかけ声で、まるで自分達がいも達と綱引きをしているかのようでした。

「うんとこしょ！　うんとこしょ！」

ロシア童話の『おおきなかぶ』の絵本を読んだ時と同じような反応でした。

こども達が勝ち、スッポーンとさつまいも達が土の中から出てきた時、会場では大きな拍手がおこりました。そして、期待どおり、たき火で焼きいもづくりがはじまりました。本当に食べたくなるようなおいもです。そして、また期待どおり、「プッ、プー！」の音。こども達も、お母さん達も、大爆笑！

「はっ、はっ、はっ、わたしたちの　かちで　ごわす。」

最後のページは、なぜか鹿児島弁です。よーく見ると、このさつまいものお父さんは、西郷隆盛に似ているような！？

関連する絵本

おおきなおおきなおいも
赤羽末吉/作・絵
福音館書店
1972年　1,155円（税込）

えんそくバス
中川ひろたか/作　村上康成/絵
童心社
1998年　1,365円（税込）

松田幸久●まつだこどもクリニック/鹿児島県鹿屋市

幼稚園・保育園での読み聞かせ
～新米読み聞かせ奮闘記～

住谷朋人●住谷小児科医院／高松市

僕が絵本に興味を持ったのは、ほんの2年前からでした。開業して1年ほど経ち、育児支援をどのように行おうかと思案している時に絵本と出会いました。まずは、自分の3人の娘達（当時8歳、6歳、4歳）に読み聞かせを始めました。こども達は大喜びで、絵本の素晴らしさを実感しました。

そんな折、小児科開業医の先輩の中で、園医をしている幼稚園・保育園で読み聞かせをしている先生方の存在を知りました。そこで僕も、もっとたくさんのこども達に絵本を楽しんでもらおうと思い、園医をしている幼稚園で読み聞かせをしてみようと思い立ったのです。

幼稚園での読み聞かせデビューは、年少さんのクラスでしたが、長いお話（『じゅげむ』）を読んだため、途中でザワザワしてしまい、ほろ苦デビューでした（詳細は2ページ）。

それに懲りた僕は、次回は担任の先生に絵本を選んでもらいました。その甲斐あって、次の年中さんのクラスでは最後まで無事に読み聞かせできました。

3回目は、卒園間近の年長さんのクラスでした。名誉挽回とばかりに、再度『じゅげむ』に挑戦しました。今回は、「じゅげむ、じゅげむ、ごこうのすりきれ……」と大合唱で、最後の“落ち”でもちゃんと笑ってくれて、大成功でした。

読み聞かせを始めた頃は、読むのに一生懸命で、ページめくりが遅れることもしばしばありました。回を重ねる毎に、読みながら次のページをめくる準備もできるようになりました。そして、読むのに少し余裕が出てきました。そうなってやっと、読んでいる途中でこども達の反応に応えてあげられるようになりました。

「うわー、すごい！」と言われれば、「ほんとに、すごいねー」などと相づちをうちながら、読み進めることもできるようになりました。こうやってこども達とやりとりができるようになり、今までよりももっと読み聞かせが楽しくなりました。

半年ほど経ち、絵本を読むのに慣れてくると、今度は読み聞かせの時間をより楽しくしようと思うようになりました。そこで、“手遊び”に挑戦しました。皆で一緒に「トントントントンひげじいさん……」などとやってから、読み聞かせを始めるようにしました。すると、不思議とすんなり絵本の世界に入っていける気がするのです。

263-00439

さらに半年経って、こども達一人ひとりの顔が見えてくるようになりました。「○○くん」はいつも一番前で聞いてくれていて、「○○ちゃん」は途中で誰かが立ち上がったりすると一番に注意してくれるのです。

いつも最後にはこども達が、お礼を兼ねて歌を歌ってくれます。「かぜよふけふけ」などその季節にちなんだ歌を、一生懸命歌ってくれます。自分のために歌を歌ってもらうのなんて、自分の結婚式以来ですから、こんなに嬉しいことはありません。

幼稚園で読み聞かせを始めて半年ほど経った頃、もう少し小さい年齢のこども達と絵本を楽しみたいと思うようになり、保育園での読み聞かせも始めました。2歳児のクラスです。ここではまず担任の先生が1～2冊読んでくれます。僕もこども達に混じって聞いています。「ごしごし、しゅっしゅっ」（『もりのおふろ』こどものとも年少版、2004）なんて、こども達と一緒にやるのが、実に楽しいのです。

その後交代して、僕が2冊ほど読みます。こどもは、繰り返しや音を表現した言葉が大好きです。お気に入りのフレーズが出てくると、大喜びです。その一方で、『おつきさまこんばんは』のような静かなお話は、じーっと聞いてくれます。毎日先生に読んでもらっているので、こども達は絵本の楽しみ方をよく知っているのです。

読み終わったら、バイバイしながら「また来てねー」と口々に言ってくれます。

「また来るよー！」とご機嫌で僕は帰ってゆくのです。

素人の僕に、読み聞かせの場を快く与えてくださった幼稚園・保育園の先生方とこども達に、感謝の気持ちでいっぱいです。こども達を楽しませるつもりが、自分が一番楽しませてもらっていますから。これからも、できる限り読み聞かせを続けていきたいと思っています。

読み聞かせの楽しさに、こども達も僕も夢中！

263-00439

赤ちゃんと絵本

7　いない いない ばあ

松谷みよ子/作　瀬川康男/絵

童心社　1967年　735円（税込）

ページをめくると「いないいないばあ」が次々展開します。
「あかちゃんの本」として有名。
日本のブックスタートで最初に赤ちゃんに手渡された絵本です。

「いないいないばあ」で
親子のコミュニケーションを！

「いないいないばあ」は古くからある伝承遊びで、自然に笑顔を作り出す不思議な遊びです。誰もが幼い時にしてもらっているでしょうし、親になればこどもにしてあげているはずです。ルールは単純なので、赤ちゃんでもお年寄りでも簡単にできる遊びです。「いないいないばあ」はお互い向き合って、必ずいつかは見つめ合う必要があります。お互い見つめ合う、というのがコミュニケーションでは最も重要です。つまり「いないいないばあ」は全年齢型双方向性「コミュニケーション」遊びなのです。

絵本は親子のコミュニケーションを深めるツールの一つと考えている私は、いくつになっても「いないいないばあ」の絵本を親子で読んでほしいと思っています。赤ちゃんの時だけではなく、大きくなっても、親子で「いないいないばあ」をしてみましょう。単に両手を左右に広げて顔を出すのではなく、両手を上げて顔を出したり、両手の右側や左側から顔を出したり、「あっち向いてホイ」のようにして遊んでもいいでしょう。親子のコミュニケーションがより深まるに違いありません。

この絵本では、かわいい動物が次々と「いないいないばあ」をしていきます。中間色の色彩で描かれていることもあり、赤ちゃんから楽しめる絵本として高く評価されています。この本以外にもいろいろな作者が異なった手法で「いないいないばあ」の絵本を制作しています。お好きな絵本で、「いないいないばあ」を親子で楽しんでください。

関連する絵本

いないいないばああそび
木村裕一/作
偕成社
1989年（改訂版）714円（税込）

▲「いないいないばあ」がしかけになっていて楽しめます。

いないいないばあ
La Zoo/作
あらかわしずえ/絵
学習研究社
2002年　609円（税込）

▲かわいい動物の「いないいないばあ」、まわりの絵も見てください。

谷村　聡●たにむら小児科/山口県周南市

263-00439

8　ごぶごぶ ごぼごぼ

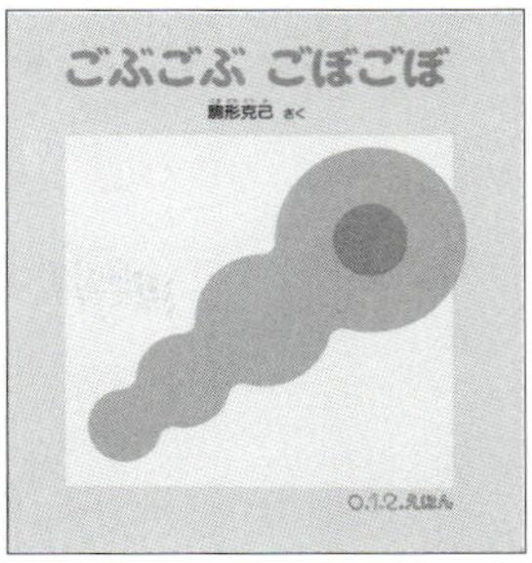

駒形克己/作　福音館書店　1999年　600円（税込）

水に浮かんで揺られているような、お母さんのおなかの中にいた時に聴こえていたような「ぷく・ぷく・ぷくん」「ざぶ・ざぶ・ざぶん」。
鮮やかな色使いが、赤ちゃんの目を引きます。
見て、聞いて、触って楽しめる赤ちゃん絵本です。

赤ちゃん絵本との出会い

最近は、赤ちゃんにどのように話しかけたらよいかわからないというお母さんが多いようです。そんなお母さんに、絵本を通して赤ちゃんとの楽しいひとときを持ってもらえるよう、7～8カ月の乳幼児健診の後に、絵本の紹介と読み聞かせをしています。まだ始めたばかりで、スタッフ全員で試行錯誤しながら奮闘中です。

7～8カ月児に絵本を読んであげると、触りたい、持ちたい、ページをめくりたいと手を伸ばしてきます。さらには、なめたり、噛んだり、投げたり、落としたりと、絵本は、赤ちゃんにとっておもちゃの一つです。そのため、小さな手で扱いやすいサイズ、丈夫な用紙、角が丸くて安全で、汚れが拭き取れる絵本をお勧めしています。

『ごぶごぶ ごぼごぼ』『じゃあじゃあ びりびり』は、赤ちゃんとスタッフのお気に入りの絵本です。特に、『ごぶごぶ　ごぼごぼ』は、赤・青・黄の鮮やかな色使いで、赤ちゃんの目を釘付けにします。巧妙に組み合わされた大小の円が想像力を育み、たくさんの丸い穴が好奇心を誘います。ページをめくるたびワクワク、ドキドキ！！「ぷく・ぷく・ぷくん」「ざぶ・ざぶ・ざぶん」と心地よい響きやリズムのある言葉に耳を傾けます。

最初は、興味を示さなかった赤ちゃんも、身を乗り出し、手を伸ばして自分でページをめくったり、丸い穴に指を入れたりとさまざまな反応を示します。読み聞かせというよりは、絵本を通して一緒に遊んでいるという感じです。

そんな楽しいひとときを、絵本を通して、親子で過ごしてもらいたいという願いを込めて、読み聞かせを行っています。

関連する絵本

じゃあじゃあ びりびり
まついのりこ/作・絵
偕成社
2001年　630円（税込）

ぴょーん
まつおかたつひで/作
ポプラ社
2000年　819円（税込）

佐藤雄一●佐藤小児科/宮崎市

9　もこ もこもこ

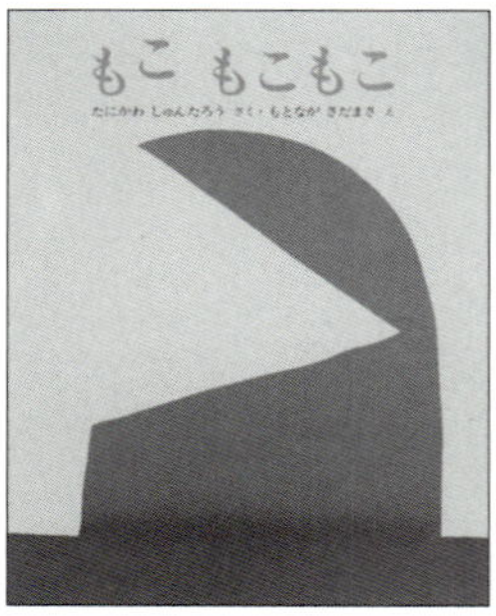

谷川俊太郎/作　元永定正/絵

文研出版　1977年　1,365円（税込）

「しーん」「もこ」「もこもこ、にょき」「もこもこもこ、にょきにょき」……と、地平線のような絵から何かが出てきて、次々と変化していきます。見返しからすでにお話は始まっています。なんとも不思議な絵本です。

こどもの成長を教えてくれた「へんなえほん」

カバーの解説文には谷川さんご自身の言葉で、「ぼくはもとながさんのかく、へんなえがだいすきなので、いっしょにこのえほんをつくりました。そうしたら、えほんもすこしへんなえほんになりました」とあります。

初めて自分で読んだ時は、「あら、終わっちゃった。意味不明？」という感じでした。そして、すぐにまた最初から読み直した記憶があります。こども達はどんな反応をするのだろうかと興味津々で、幼稚園の年少クラスで読み聞かせをしてみました。

こども達は、最初は不思議そうに見ていましたが、「もこもこ、にょき」「もこもこもこ、にょきにょき」と一緒に声を出し始めました。それも、楽しそうに。「つん」と“こぶ”ができる場面では、ある男の子が、「おっぱいや！」と言いました。「ぽろり」と取れると、「あっ、おっぱいがおちた！」とうれしそうに言います。「ぷう」「ぎらぎら」と膨らむと、「おっぱいが大きくなった！」とこれまたうれしそう。「ぱちん！」と弾けると、「あ～あ、おっぱいが割れちゃった～」と少し残念そうでした。こうして最後に「もこ」で終わると、すかさず「もう1回読んで～！」の声があちこちからあがりました。そこで、もう1回読むと、先ほどよりももっと楽しそうに、「もこもこもこ、にょきにょき」とまねをしてくれました。

年少クラスの3～4歳のこども達は、弟や妹ができてお兄さんやお姉さんになったりして、お母さんの「おっぱい」からはすっかり卒業します。また一方で、男の子と女の子の違いに気づき始める頃でもあります。「おっぱい」を連想した男の子は、その時とっても「おっぱい」に興味があったのでしょう。絵本を通してこども達の成長を実感させてもらいました。

関連する絵本

がちゃがちゃ どんどん
元永定正/作
福音館書店
1990年　780円（税込）

▲「がちゃがちゃ」「どんどん」などいろんな音が次々登場します。

もけら もけら
山下洋輔/文　元永定正/絵
中辻悦子/構成
福音館書店
1990年　1,260円（税込）

▲「もけらもけら」「でけでけ」といろんな音色をおもしろい絵とともに楽しめます。

住谷朋人●住谷小児科医院/高松市

263-00439

10　まる まる

中辻悦子/作　福音館書店　1998年　780円（税込）

作者の中辻悦子さんは、あの『もこ もこもこ』『もけら もけら』の絵を描いた元永定正さんの奥さんです。
表紙から穴が2つ開いたこの不思議な絵本には、いろんな「まる」がいっぱい登場しますよ。

絵本マジックでビックリ体験

伊那市が建てたビルの７階に子育て支援センターができたので、月初めの金曜日の昼休みに出向いて行って、毎月テーマを決めてこどもの病気の話をしています。20人近くのお母さんが、0〜2歳のこども同伴で聞きにきてくれるので、30分ほど話した最後に絵本を読むことにしました。ところが、3歳未満児対象の絵本の読み聞かせは思いのほか難しいのです。何を読んでもちっともうけない。

ある日、僕の次男が2歳の時にお気に入りだった『まるまる』を読んでみました。そうしたら、すっとこども達の意識がこの絵本に集中したのです。それまでの雑然とした空気が一瞬に静まり返りました。ビックリするような体験でした。

「まるまるさんかく、まるまるしかく」「まるまるおおまる、まるまるこまる」

調子のいい文章の隣に、丸い穴が２つ開いた単純な絵が配置されていて、それがどんどん表情の変わる顔に見えるのです。

誰でも我が子が天才ではないかと思う瞬間があるのだそうですが、次男が2歳になったばかりの頃、自分でこの絵本のページをめくりながら一語一句違えず最後まで読み終えた時には、「この子は大物になるぞ！」と確信しました。でも、この時期のこどもはみんな、そんな特別な能力を持っているのです。あれから4年が経って小学1年生になった息子は、まだ天才の片鱗も見せていません。

関連する絵本

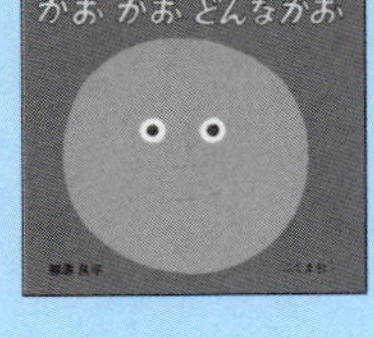

かお かお どんなかお
柳原良平/作
こぐま社
1988年　840円（税込）

▲顔の表情の変化が楽しい絵本です。

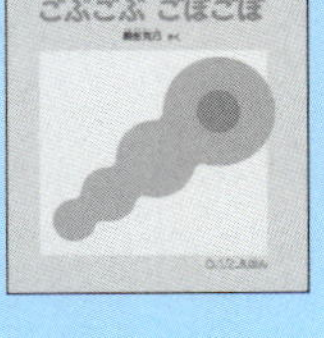

ごぶごぶ ごぼごぼ
駒形克己/作
福音館書店
1999年　600円（税込）

▲丸い穴がたくさん開いた絵本です。

北原文徳●北原こどもクリニック/長野県伊那市

11　ねないこ だれだ

せなけいこ/作・絵　福音館書店　1969年　630円（税込）

せなけいこさんの「おばけ」の絵本の中で、最も有名な絵本です。

おばけ絵本の金字塔

幼い頃、気がつくとこの本は僕の手元にありました。現在、当時の本が残っていないところをみると、読みつぶして処分してしまったか、誰か親戚のこどもにゆずられていったのでしょう。

自分のこどもができ、改めてこの本を眺めて新たな感動をしました。幼い頃の自分は気がつきませんでしたが、すべての絵がちぎり絵で創作されていることに驚きました。色の配色、文字の書体も素晴らしい。中でも造形のバランス感覚が抜群に良いのです。おばけの目、口など単純なちぎり絵のようでいて、緻密に計算されて創られているようにもみえます。

１歳の次男はこの本が大のお気に入りです。何度読んでもこの本を両手でかかえて「ウーウー」（読んでよ読んでよ）とえっちらおっちら運んできます。

もともと４冊セットの「いやだいやだの絵本」シリーズの１冊であるのに、なぜかこの本だけのご指名です。僕が読んでやると「うっくっくっく」と笑います。まだしゃべれないのに、絵本えらびと食欲だけは一人前なのです。

ストーリーはといえば、こどもがおばけにされて連れ去られていきなり話が終わる悪夢のようなものですが、こどもにとっては心に浮かんでくる恐怖という感情が楽しいのでしょう。

４歳になった長男もいまだに読んでほしがります。僕自身もこども達に何度読んでやっても飽きるということがありません。この本は、人間が根源的なところにもつ恐怖という心理をうまくつかむことに成功しているおばけ絵本の一つです。せなけいこの絵本シリーズの中でも、特筆すべき完成度の高い金字塔的作品と言えるでしょう。

関連する絵本

おばけだぞぉー！
ジャック・デュケノワ/作
おおさわあきら/訳
ほるぷ出版
2001年　945円（税込）

▲見かけもかわいい、西洋のおばけ。

お化けの海水浴
川端 誠/作
ＢＬ出版
2002年　1,365円（税込）

▲日本のおばけのオンパレード。

杉原　桂●多摩センター北口田村クリニック小児科/東京都多摩市

263-00439

12　くだもの

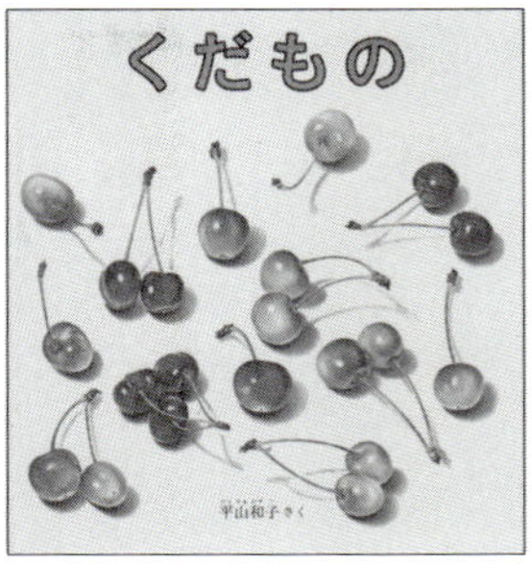

平山和子/作　福音館書店　1981年　780円（税込）

りんご、みかん、もも、すいか、バナナなど、いろんなくだものがあります。それぞれ、いろんなおいしい食べ方があります。みんなは、どんなふうにして食べますか？

本物よりもおいしそう

思わず食べたくなるくらい、本物そっくりのくだもの。まるで写真のようですが、写真よりもっとおいしそうです。

「すいか・・・さあどうぞ」

「もも・・・さあどうぞ」などなど、思わず手が出そう！

小さなお子さん達の読み聞かせ会で、この本を読むことがあります。ページをめくると、こども達が、「りんご」、「みかん」などと、なじみのくだものの名前は、声を出して言ってくれます。

先日の読み聞かせ会で、バナナのところで、ポケットから持参した本物のバナナを出して、「バナナのかわ、むけるかな？」と言いながら、私がむいて、食べてしまいました。お母さん達は、笑っていましたが、こども達は、きょとんとしていました。

くだものが好きになる絵本です。

関連する絵本

いちご
平山和子/作
福音館書店
1989年　780円（税込）

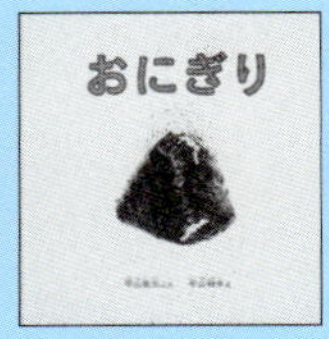

おにぎり
平山英三/文　平山和子/絵
福音館書店
1992年　780円（税込）

松田幸久●まつだこどもクリニック/鹿児島県鹿屋市

13　にんじん

せなけいこ/作・絵　福音館書店　1969年　630円(税込)

「いやだいやだの絵本」（『にんじん』『もじゃもじゃ』『いやだいやだ』『ねないこだれだ』）の中の1冊です。
にんじん嫌いのこどもも、この絵本を見ている時は「ああおいしい」とぱくりと食べるまねをしますよ。

親子二代で楽しんでいます

娘の誕生日に、せなけいこさんの4冊セットの絵本をいただきました。その中に『にんじん』がありました。『にんじん』の表紙を見た時に、私自身が、母からこの絵本を読み聞かせてもらっていたことを思い出しました。寝る前に布団の中で母に読んでもらっていたのでした。すっかり忘れていましたが、濃紺の背景に鮮やかなオレンジと緑の表紙は、読んでもらっていた頃の懐かしい思い出をよみがえらせてくれました。大好きで何度も読み返していたのです。

表紙をめくって、1ページ、白いお皿のカレーの絵、にんじんとジャガイモとグリーンピースのカレーです。もう1ページめくって、本文の始まりです。

「にんじんの　すきなこ　だあれ」

ページをめくるたびに、にんじんが好きなうまさんやきりんさん達が、次々に登場してきます。みんなちょっとうれしそうに少しおすましして、にんじんを食べています。うまさんはお花をつけた帽子をかぶったり、ぶたさんはしっぽにリボンなんかつけたりして、得意げに食べています。最後に大本命のうさぎさんが3匹登場し、“僕”が最初のカレーを食べかけて終わりになります。

出てくる動物達と「ああ　おいしい」の文につられて、なんとなくにんじんが好きになってしまいます。苦手なにんじんも次回は食べてみようかなと思わせてくれます。娘もその気になってにんじんは喜んで食べていますし、絵本を読んでいる時は、「ああ　おいしい」に合わせてぱくりと食べるまねをしています。

歌うようにリズミカルに読んでみてください。にんじん嫌いのお子さんにお悩みのお母さん方にお勧めします。

関連する絵本

おばけのてんぷら
せなけいこ/作・絵
ポプラ社
1976年　1,260円（税込）

▲『にんじん』を卒業したらうさこシリーズへ、当院でも人気があります。

おばけいしゃ
せなけいこ/作・絵
童心社
1992年　840円（税込）

▲せなけいこさんのおばけシリーズの一つです。病気やケガをしたおばけがいっぱい登場します。

中川礼子●古川病院小児科/徳島市

263-00439

14　しろくまちゃんの ほっとけーき

わかやまけん/作　こぐま社　1972年　840円（税込）

しろくまちゃんが粉をこねて、フライパンでホットケーキを焼きます。お話を聞いているこども達の口からよだれが落ちそうです。ホットケーキのページをなめる子もいます。

リラックス離乳食、リラックス絵本

赤ちゃんに絵本の読み聞かせを始めるのは、離乳食を始める時によく似ています。なんでも上手にもぐもぐ食べて手のかからない子もいれば、なかなかお母さんの思うように進まない子もいます。育児書や雑誌には、離乳食の進め方や調理方法は書いてあっても、「赤ちゃんが嫌がる時は無理に進めなくていいですよ」とは書いてありません。僕達小児科医の仲間で発行しているリーフレットの中に「リラックス離乳食」（ノーブルプレス　http://www.noblepress.jp/）があります。離乳食のことで悩んでいるお母さんにリラックスしてもらうことが目的です。

絵本の読み聞かせも同じです。お母さんが一生懸命絵本を読んでも、赤ちゃんがちっとも興味を示してくれない時があります。そんな時には、ほかの遊びにきりかえて、赤ちゃんが絵本を読んでもらいたくなるまで待てばいいのです。これが「リラックス絵本」です。絵本も赤ちゃんが嫌がる時には無理に読まなくてもよいのです。

離乳食が進んでくると、赤ちゃんはなんでも手づかみで食べようとします。でも、手づかみで食べ物を口に持っていくことは、大切なことです。ある意味で、離乳食は赤ちゃんが家族の食卓に一人前としてデビューするためのリハーサルの期間かもしれません。あんまり難しく考えすぎずに、赤ちゃんの好物を探せばよいのです。同じように、絵本も赤ちゃんの個性に合わせて好きなものを選べばよいと思います。

『しろくまちゃんのほっとけーき』は、いきいきとした元気のよい色彩の絵本です。なによりもお話のテンポがよくて、本当にホットケーキができてしまいそうです。小さな赤ちゃんもきっと好きになるに違いありません。

関連する絵本

ぎょうざのひ
かとうまふみ/作・絵
偕成社
2001年　1,050円（税込）

▲みんなでおいしいものを作って食べて満腹になる絵本。

いただきますあそび
木村裕一/作
偕成社
1989年（改訂版）
714円（税込）

▲ごはんを食べる前には、やっぱり「いただきます」。

佐々木邦明●佐々木こどもクリニック/名古屋市

15 うしろにいるのだあれ

ふくだとしお/作　新風舎　2003年　1,470円（税込）

ぼくのうしろにいるのだあれ？
あっ　かめくん。
かめくんのうしろにいるのだあれ？
……というように次々にいろいろな動物が出てきて、こども達がとても喜ぶ絵本です。

こどもの好きな“繰り返し”

よく風邪をひいて私達の診療所を訪れる2歳くらいの女の子がいます。その子のお気に入りの本がこの『うしろにいるのだあれ』です。「こちらに来るとすぐに読んでと持ってくるのが必ずこの本なんですよ」とお母さんがおっしゃっていました。表紙に大きな丸い目をした犬の“ぼく”が描かれています。ぼくの後ろに一部分だけ次の動物が描かれています。これでこどもにも次のページはかめくんだとわかります。その次はねこさん、次はぞうさん……と次々動物が出てきます。

この絵本の魅力は、なんといってもたくさんの動物が次々出てくることでしょう。そして、次のページの動物が何か？と“なぞなぞ”を解く楽しみもあるでしょう。こどもが大好きな“繰り返し”が何回も出てきます。

こどもはなぜ“繰り返し”が好きなのでしょうか。簡単に考えると“繰り返し”にはリズムがあり、それが心地よく感じられるということなのでしょうか。好きな歌を何回も楽しんで歌うのと共通するところがあるのかもしれません。

この本のもう一つの魅力は絵だと思います。インパクトの強い色使いで動物をくっきりと描いています。１ページに一つの動物が大きく描かれているのも、とてもわかりやすいと思います。そして、どの動物も大きな丸い目が印象的です。その大きな目が後ろを見たり上を見たり……。これも“繰り返し”の要素を持っていると思います。

お子さんと一緒に遊びながら“繰り返し”を楽しんでみてはいかがでしょうか。

関連する絵本

うしろにいるのだあれ　みずべのなかま
ふくだとしお/作
新風舎
2004年　1,470円（税込）

▲『うしろにいるのだあれ』の続編で、同じ構成でできている楽しい本です。

ひっぱる ひっぱれ
ブライアン&レベッカ・ワイルドスミス/作　香山美子/訳
フレーベル館
1998年　735円（税込）

▲「おや、なにしてるの？」ゾウが誰かのしっぽを引っ張っています。その誰かは誰かのしっぽを引っ張っています。最後は誰のしっぽでしょう？

小野元子●おのクリニック/千葉県松戸市

16 うさこちゃんとうみ

ディック・ブルーナ/文・絵　石井桃子/訳

福音館書店　1964年　630円（税込）

ある日、うさこちゃんはお父さんと二人で海へ行きました。砂山を作って、貝を拾って、海水浴をして楽しんだ一日なのに、なぜかさびしい。そう、お母さんがいないからです。

こどもがはじめて出会う絵本にしては奥が深すぎる

待合室で人気の絵本はすぐにわかります。背表紙の上の部分が破れ、本の角は丸くなり、中の数ページがビリビリと破り取られているからです。ブルーナの「こどもがはじめて出会う絵本」のシリーズがまさにそれ。１歳未満の赤ちゃんは、五感をフルに使ってブルーナの絵本を楽しんでいることに気がつきます。小さな手でつかんで、まずはじっと見つめます。それからおもむろに本の匂いを嗅いだかと思うと、突然ガブリとかじりつくのです。絵本はよだれでべっとべと。

作者のディック・ブルーナは、これらの絵本に周到な計算を施しています。まずは絵本のサイズ。16.5×16.5cmの正方形をしていること。小さなこどもの手に自然と収まるこの絵本は「おもちゃ」の一つにすぎないと、ブルーナは言い切ります。だから基本の正方形。もう一つの特徴は、登場人物がみな必ず正面を向いていること。これは「読者といつも対話していたい」主人公の気持ちなのであって、絵本の中からじっと見つめられると、なぜかこどもは絵本から目が離せなくなってしまうのです。ブルーナ・カラーと呼ばれる限られた４色しか彼が使わないことにも意味があります。赤（オレンジ）は読者の方へ向かってくるあたたかい色。青はよそよそしい色で、怖さや寒さを描く時に使われます。

2005年、ブルーナの“うさこちゃん”は誕生50周年を迎えました。ところで、“ミッフィー”という呼び名は英語版で採用された名前であって、オリジナルのオランダ語版では“ナインチェ・プラウス（ふわふわ・うさちゃん）”が正しい名称です。日本語に訳した石井桃子さんは、原著をオランダ大使館に勤める知人の奥さんから英訳してもらって、それを忠実に翻訳したのだそうです。だからこそ味わい深いんだな、きっと。

関連する絵本

うさこちゃんとあかちゃん
ディック・ブルーナ/文・絵
松岡淳子/訳
福音館書店
2005年　630円（税込）

絵本をよんでみる
五味太郎、小野 明/著
平凡社
1999年　1,050円（税込）

▲目からウロコが落ちること間違いなしの、独創的な絵本評論。

北原文徳●北原こどもクリニック/長野県伊那市

263-00439

絵本のある風景……②

ブックスタートと小児科医

佐々木邦明●佐々木こどもクリニック／名古屋市

あなたの町では、もうブックスタートは始まっていますか？　保健所の乳児健診で「赤ちゃんに絵本を読み聞かせましょう」と、絵本がプレゼントされたことがあるでしょう。その時に一緒にこんなパンフレットも付いてきます。

「赤ちゃんの体の成長にミルクが必要なように、赤ちゃんのことばと心を育むためには、抱っこの暖かさの中で優しく語りかけてもらう時間が大切だと言われています。ブックスタートは、肌のぬくもりを感じながらことばと心を通わすそのかけがえのないひとときを“絵本”を介して持つことを応援する運動です。」

ブックスタートは絵本を普及させる運動ではありません。絵本を読み合う幸せな時間を親子で分かち合うことを支援する運動です。そのためには、一部の絵本に興味のある家族を対象にするのではなく、地域で生まれたすべての赤ちゃんと保護者に均等に絵本を配布することが大切なのです。

ブックスタートは1992年に英国で始められ、我が国では2001年から開始されました。2004年12月31日には、全国の2,950の市町村数のうち約1/4の 716 の自治体でブックスタートが行われています。

ブックスタートの大切な5つのポイントです。

1. 赤ちゃんと保護者が絵本を介して向き合い “あたたかくて楽しいことばのひととき”を持つことを応援します。
2. ブックスタートは地域に生まれたすべての赤ちゃんと保護者が対象です。
3. ブックスタートはメッセージを直接伝えながら絵本を手渡します。
4. ブックスタートは地域内の連携のもとに市区町村単位で行われます。
5. ブックスタートは特定の個人や団体の宣伝・営利・政治活動が目的ではありません。

NPOブックスタートで選ばれる絵本の基準は、「赤ちゃんが保護者と豊かな言葉を交わしながら楽しい時間を過ごすことで、心健やかに成長することを応援する絵本、年月を経て赤ちゃんから支持され続けてきた絵本、今後、赤ちゃんからその支持を受ける可能性が高い絵本」です。『いないいないばあ』『のせてのせて』（童心社）、『おつきさまこんばんは』『たまごのあかちゃん』『がたんごとんがたんごとん』『くだもの』『ねないこだれだ』『きんぎょがにげた』『ごぶごぶごぼごぼ』『ぞうくんのさんぽ』『でてこいでてこい』『こんにちはどうぶつたち』『どうぶつのおかあさん』（福音館書店）、『もこもこもこ』（文研出版）、『しろくまちゃんのほっとけーき』（こぐま社）、『ぴょーん』（ポプラ社）、『くまさんくまさんなにみてるの？』『じゃあじゃあびりびり』（偕成社）、『チューチューこいぬ』（BL出版）、『ともだち』（文化出版局）などが選考リストの絵本です。保育士、児童図書館司書、児童文学者、小児科医が、赤ちゃんのいる現場での手応えに基づいて選んだ絵本です。

実際のブックスタートの活動は、地域の保健センターでの乳児健診に参加したすべての赤ちゃんと保護者を対象に、ブックスタート・パックを、メッセージや説明を添えながら手渡すことです。パックの中身は、絵本が2冊、赤ちゃんと絵本を楽しむためのイラストアドバイス集、らっこのよだれかけ、コットン・バッグです。地域で作成したお勧め絵本リストや、図書館の案内なども加わります。

ブックスタートの運動の展開は、地域の住民と行政との相互理解と協力によって始まります。地域で大切にこども達を育てようという草の根運動が大切な原動力です。決して大きな行政単位、特に国単位で行われるような画一的なプロジェクトではありません。地域によって育児環境の問題点はさまざまです。地域の必要性に応じてテーラーメードしてゆく必要のあるプロジェクトです。

ところが、最近、乳児健診の方法が様変わりし始めています。集団健診から個別健診に変わってきていることです。保健所ではなく、かかりつけ医で個別に健診を受けるシステムです。赤ちゃんにとっては理想的な健診のあり方ですが、ブックスタートは少しやりにくくなりました。健診を行うすべての医者と医院のスタッフがブックスタートの理念と方法を熟知する必要があるからです。このハードルに挑むのが、これから我が国に真のブックスタートが根付いていくためにはとても大切なことです。

個別健診で行うブックスタート

佐藤雄一●佐藤小児科／宮崎市

乳幼児健診は集団で行われている地域が多く、0歳児健診の場でブックスタートの運動が行われることが多いのですが、個別健診が中心となっている地域もあります。このような地域では、かかりつけの小児科で行われる個別健診でブックスタートの運動が始まっています。

じーっと絵本に見入るこども達の表情にお母さんもびっくり

宮崎市では、平成16年4月から7～8カ月の個別健診でのブックスタートの運動が行われています。7～8カ月健診でお母さん方に絵本の読み聞かせのことをお話すると、いろいろな反応・質問があります。「えっ！　7カ月の赤ちゃんで絵本がわかるんですか？」「どんな絵本を読んであげればいいんですか？」「読み方は？」等々の反応があります。実際にブックスタートでお渡しする絵本は『じゃあじゃあびりびり』（偕成社）、『ごぶごぶごぼごぼ』（福音館書店）の2冊です。「ぷーん」、「ぷくぷく」などの擬態語で音の響きやリズムを楽しみ、色鮮やかな絵で赤ちゃんが反応しやすいようにできています。

小児科医による個別健診が終わってから、スタッフが絵本の読み聞かせのやり方と楽しみを具体的にお話します。個別ですので赤ちゃんの状況に応じたお話ができ、お母さん方からの質問にも丁寧に対応できるため評判も良いようです。

いつの間にか絵本を通した育児相談に発展することもあります。読み聞かせの仕方も、従来のようにこどもを膝の上にのせて後ろから読むというスタイルではありません。絵本を前に置き、親と赤ちゃんが三角に位置し、赤ちゃんの顔と絵本を見ながら読みます。読むうちに赤ちゃんの表情が生き生きしてくるのがよくわかり、お母さんも楽しくなるはずです。

お母さん方の中には、最初は7、8カ月の赤ちゃんに絵本を読み聞かせる意義がわからなかった、という人もいますが、実際に読み聞かせると赤ちゃんの反応に驚き、赤ちゃんと過ごす時間が楽しくなったという感想を持たれるようです。

絵本の読み聞かせを紹介することによって赤ちゃんの素晴らしい笑顔とお母さんの喜びを見ることができるのは、小児科医や指導にあたるスタッフにとっても大きな励みとなります。絵本が赤ちゃんとの絆を深める一つの手段として大きな意味を持つことを理解していただき、このブックスタート事業が赤ちゃんのすこやかな成長の手助けになればと願っています。

263-00439

お母さんのための絵本

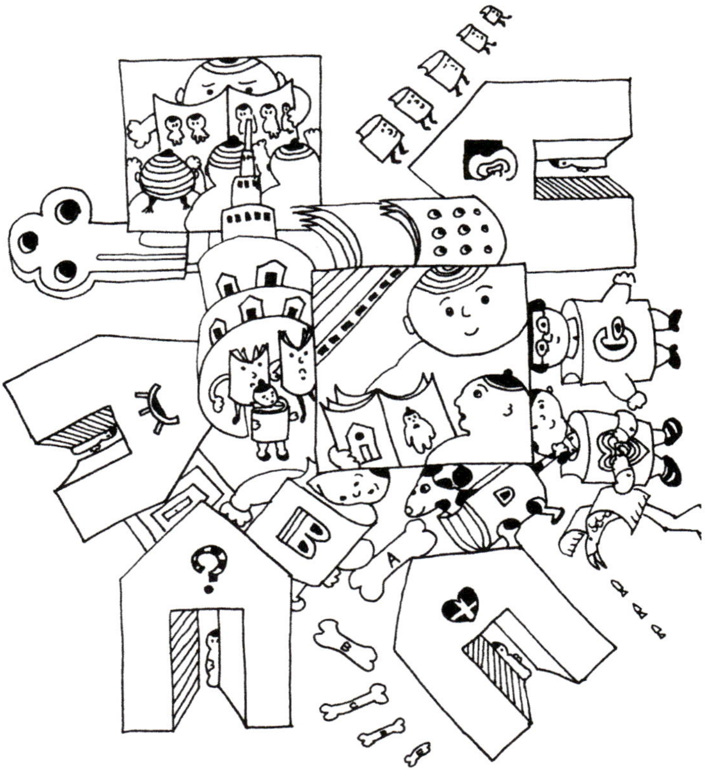

17 かみさまからの おくりもの

ひぐちみちこ/作　こぐま社　1984年　1,260円（税込）

あかちゃんがうまれるとき、かみさまはおくりものをくださいます。

あなたは何をいただいていますか？

娘はよく泣く赤ちゃんでした。おっぱいが足りないわけでもなく、オムツもふかふか、暑くも寒くもなくても、抱いていないと泣く。あやしていないと泣く。ひどい時には抱いてもあやしても泣く。産後１カ月で腱鞘炎にはなるし、赤ちゃんが泣くと切ないし情けないし、自分も夜中に娘と一緒に泣いていました。

その時に、この本に出会えていたら、どんなに気が楽になったかと思い、新人お母さんへの出産プレゼントにこの本を贈っています。

この本はもともと、お母さんが娘さんのために作った、手作り絵本です。それが、20年以上版を重ね、売れ続けているというところに、この本の持つパワーを感じます。貼り絵で作られた登場人物は、天使、赤ちゃんからこども達まで、著者近影によく似て丸顔でにっこりしています。

内容はシンプルです。赤ちゃんが生まれる時、神様がそれぞれのこどもに合わせた贈り物を贈ってくださる、というお話です。

ほっぺの赤い赤ちゃんには、「よくわらう」。大きい赤ちゃんには、「ちからもち」。泣いている赤ちゃんには、「歌が好き」。よく動く赤ちゃんには、「よく食べる」。寝ている赤ちゃんには、「やさしい」。

このお話のとおり、娘は歌の好きなこどもになりました。

関連する絵本

子どもからの贈り物
"お母さん"であることを楽しむために
ひぐちみちこ/著
こぐま社
1998年　1,260円（税込）

お母さんが笑った
子育ての話
樋口通子/作
女子パウロ会
1998年　1,365円（税込）

多田香苗●明和病院/兵庫県西宮市

263-00439

18　わたしのあかちゃん

「かがくのとも」2004年2月号

澤口たまみ/文　津田真帆/絵　福音館書店　現在絶版

お母さんが、アルバムを見ながら、我が子が生まれた時のことを思い返すお話です。生まれた直後から、母乳がしっかりと出るようになるまでの数日間の出来事が描かれています。

うまれてきてくれて、ありがとう

中表紙（とびら）と最後のページにアルバムと写真が描かれ、裏表紙には外で遊ぶこどもが描かれています。大きくなって外で雪遊びをしている我が子の姿を眺めつつ、生まれた時のことをアルバムを見ながら思い出しているお母さんが、そこにいるのです。そして、お母さんは最後に言います、「うまれてきてくれて、ありがとう」。

僕が園医をしている保育所で、５歳児のクラスの先生がこども達に、この絵本を読んであげたそうです。先生は少し難しいかなと思いつつ読まれたようですが、こども達は神妙な顔をしてじっと聞いていたそうです。先生自身、読んでいてラストは泣きそうだったと言われていました。

そのことを「クラスだより」に紹介して、絵本を貸し出したところ、たくさんのお母さんが借りて帰られたそうです。お母さん方が書かれた感想には、我が子が生まれた時、そしてこれまでのことを思い返し涙した、とあったそうです。先生はこの感想を読んで、また涙を流したそうです。その後、この絵本はクラスを越えて、下の年齢のこども達のお母さん方も借りて帰るようになったということです。

僕も先生からこの話を聞いて、もらい泣きしました。保育所にこどもを預けているお母さんは、仕事に家事に子育てにと特に忙しいに違いありません。そんななかで、この絵本に出会って、少し立ち止まって、我が子とのかけがえのない時間を持てたのは、素晴らしいことだと思いました。これも絵本の持つ魅力の一つではないでしょうか。

この絵本は、月刊絵本「かがくのとも」として出版されましたが、現在は絶版となっています。是非とも早く単行本として発刊してほしい１冊です。

関連する絵本

あなたが生まれるまで
ジェニファー・デイビス/作
ローラ・コーネル/絵
槙 朝子/訳
小学館
1999年　1,680円（税込）

うちにあかちゃんがうまれるの
いとうえみこ/文　伊藤泰寛/写真
ポプラ社
2004年　1,260円（税別）

▲赤ちゃんが生まれるまでの、楽しいしかけ絵本です。

住谷朋人●住谷小児科医院/高松市

19　あかちゃんのうた

松谷みよ子/文　いわさきちひろ/絵

童心社　1971年　840円（税込）

お母さんが自分の赤ちゃんにはなしかけた言葉と場面をそのまま切り取った、スナップ写真のような絵本です。

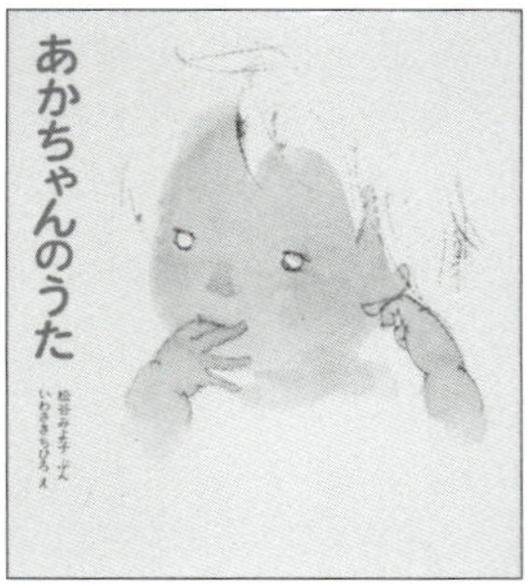

心からの言葉で

この絵本を手に取る方で、このお二人を知らないとおっしゃる方がいらっしゃるなら、作者紹介を読まれる前に、どうぞ、作品をお読みください。作品の素晴らしさを身を持って感じられることで、この本の「ふつうの言葉」の価値がいっそう際立つことでしょう。“乳児をモデルなしで月齢ごとに描き分ける”といったような紹介（この紹介も至言ですが）より、ずっと作者を感じることができるかと思います。

こどもを見つめ、見守り、言葉を紡ぐことのプロ中のプロとも言われるべき、巨匠お二人が、こんなにも無防備な、単純な、心からほとばしったままの言葉を、ご自分のこどもさんに対して、掛けていらっしゃったんだなと言うこと。それを何よりも知っていただきたくて、この本を紹介しています。

最近、情報に溺れ、いろんなことを頭でっかちに考えすぎて、素直に心のままに赤ちゃんに言葉を掛けることが、できにくくなっているような気がします。ああ、自分が感じたままを飾らずに赤ちゃんに伝えたらいいんだと、お母様に思っていただければ幸いです。

この本の初版は1971年。30年以上も前にすでに今と同じ状況であった訳なのですね。

また、この本は、あまりにも「ふつうの言葉」すぎて、お母様がご自分で買われることの少ない本かと思います。経験を積まれ「ふつう」の価値に気づいた方、新米のお母様へのお祝いリストに入れていただければ幸いです。

関連する絵本

いない いない ばあ
松谷みよ子/作　瀬川康男/絵
童心社
1967年　735円（税込）

あかちゃんの くるひ
岩崎ちひろ/絵・文
武市八十雄/案
至光社
1970年　1,260円（税込）

▲あかちゃんの絵本シリーズの1冊です。

多田香苗●明和病院/兵庫県西宮市

263-00439

20　ラブ・ユー・フォーエバー

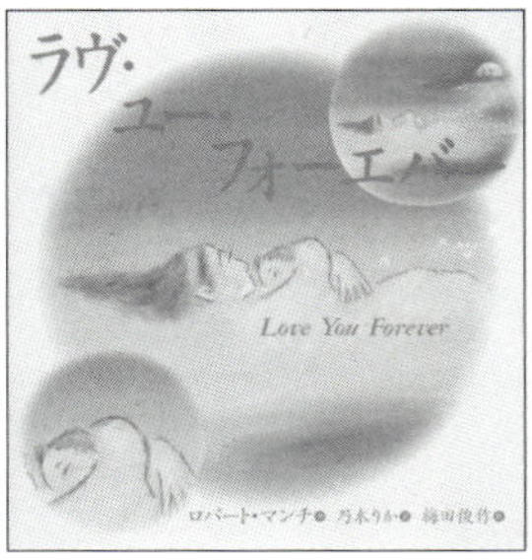

ロバート・マンチ/作　乃木りか/訳　梅田俊作/絵

岩崎書店　1997年　1,200円（税込）

お母さんは「あなたはいつまでも私の赤ちゃん」と生まれたばかりの赤ちゃんを抱っこします。青年になった息子は「あなたはずっと私のお母さん」と年老いた母親を抱っこします。少し育児に疲れた時に開いてみましょう。心に優しさがよみがえってきます。

親子の愛情は永遠です

この本は大変有名な本です。読んで感動した方も多いでしょう。歌にもなっています。実際聞いた時は、胸にジーンときました。ただ私は親子の愛情のきずなに感動する本として紹介するのではなく、子育てに疲れてきたお母さんに、自身の癒しの絵本として薦めています。

子育ては大変です。こどもは親の思う通りには育ってくれません。我が家にも男3人女2人計5人のこどもがいて、それぞれ個性が違います。やはり男の子は乱暴で、親の言うことはなかなか聞いてくれませんし、かえって反抗します。特に思春期に入った男の子は母親にとって、どんどん扱いづらくなるようです。

親の思い通りにいかないことは頭の中でわかっていても、いざこどもに振り回されると、つい我慢できなくて爆発してしまった経験は、たいていのお母さんはあるはずです。でもこれが子育ての日常なのです。

「爆発してしまったことに嫌悪感を持たないでください。こどもを愛する気持ちが１日のうち１回でも真剣にあれば、それがこどもへの本当の愛情です。このことを『ラブ・ユー・フォーエバー』を読んで感じてください」と、育児学級などの絵本紹介の場でお母さん達に伝えています。いつもにこにこの完璧なお母さんになる必要はないし、こどもは反発しながらもお母さんの愛情はどこかで感じているものです。

この絵本を通じて、お母さん方が少しでも心の余裕を持って子育てを楽しんで、こどもにたっぷり愛情を注ぎ続けてほしい、と思っています。

関連する絵本

ママがちいさかったころはね…
ヴァレリー・ブロンド/作
クロディース・デマルト/絵
いしづちひろ/訳
フレーベル館
2000年　893円（税込）

▲こどもの頃、ママはどのような娘だったのでしょうか？

理想のママのつくりかた
森野さかな/絵・文
自由国民社
2002年　1,365円（税込）

▲かいじゅうママにはならないでください。

谷村　聡●たにむら小児科/山口県周南市

21　あめの ひの おるすばん

岩崎ちひろ/絵・文　武市八十雄/案

至光社　1968年　1,260円（税込）

女の子が雨の日に一人で留守番をします。お母さんが帰ってくるまでの不安、退屈、恐怖などの気持ちと、お母さんが帰ってきた時の安堵感、達成感が凝縮された文と美しい絵で描かれています。

心細さに寄り添ってくれた絵本

この絵本に私は1968年に出会っています。どうして手にしたかは覚えていないけれど、その衝撃とも言える感動は今も鮮明に覚えています。大学入学でひとり暮らしを始めた時、ホームシックぎみの心境にぴったりと寄り添ってくれる１冊の絵本になりました。

雨の日に一人でお留守番をする女の子の心理状態が、簡潔な文章とちひろ特有の美しい絵の相乗効果で私に迫ってきました。不安、心細さ、静けさと雨音、湿った空気、お母さんの温もり、一歩成長した誇らしさなどがしっかりと伝わってきます。

それから時を経て，開業してある程度こだわった絵本を待合室にも置き、絵本の読み聞かせ会も企画していますが、この絵本は出していませんでした。今回開業10周年にあたり記念品にするため、改めて取り寄せてみました。繊細で美しい絵と文章は、初めて手にした時の感動のままでした。しばらくぶりに手にする『あめのひのおるすばん』。思い切って待合室の本棚にも入れました。どうか大切にしてくれますようにと祈りながら。

『あめのひのおるすばん』以来、絵本に魅せられてついつい絵本を買う癖がつきました。こどもが生まれてからも、こどものためというよりも自分のために集めた絵本も多くあります。仕事が忙しくなって、あの頃のように純粋に絵本を楽しめないのを残念に思います。そのうち暇になったらゆっくり楽しむために取っておこうと、本気で思っています。

関連する絵本

あおくんときいろちゃん
レオ・レオーニ/作　藤田圭雄/訳
至光社
1984年　1,260円（税込）

▲青色と黄色の色紙で示された動きと表情が印象的です。

いない いない ばあ
松谷みよ子/作　瀬川康男/絵
童心社
1967年　735円（税込）

▲あかちゃんの本のロングセラー。私の診察用具の一つです。

石井アケミ●石井小児科/宮城県多賀城市

263-00439

22　てん てん てん

わかやましずこ/作　福音館書店　1998年　600円（税込）

「てんてんてん　てんとうむし。ぐるぐるぐる　かたつむり。」
絵がはっきりしていて、こどもが大好きな虫たちが登場。
0、1、2歳用絵本。

2歳まではテレビを消して絵本を読もう！

最近、外来で生後8カ月健診の際に、お母さん達に絵本を紹介しています。

生後8カ月は「見比べる力」がついてきて、「いないいないばあ」がわかる時期。実際に診察室で「いないいないない」「ばあ！」をすると、きゃっきゃっと喜んでくれます。

そこで『いないいないばあ（Ⅰ）』（いもとようこ/作、講談社）や『いないいないばあ』（松谷みよ子/文、瀬川康男/絵、童心社）を見せます。そのような絵本をじーっと見る我が子に、お母さんは、ふーん。最後の締めくくりに『てんてんてん』を見せます。「てんてんてん」「てんとうむし」で、絵にじーっと見入る我が子に、へえぇ。

「ほら、裏表紙に0、1、2歳って書いてあるでしょう。2歳までは、こういう単純な場面構成の絵本が良いんですよ。繰り返しが良いんです。『ももたろう』などのお話し絵本はまだ難しすぎて、3歳にならないと良く理解できません。だから2歳までは、テレビを見せても無意味なんですよ」と言うと、お母さん達も納得。

2歳児の歯科健診でも、絵本を読んで聞かせています。そこでも、この『てんてんてん』は『もこもこもこ』と同様に、こども達をひきつけて離しません。

ちょっとしたストーリー性のあるものだと、他の遊びを始めてしまうのに、「てんてんてん！」とやりだすと、すぐさま寄ってきます。

最近、3歳になる前からテレビを見せている家庭が増えているようですが、テレビを消して、ぜひ絵本を読んであげてほしいものです。

関連する絵本

でてこい でてこい
はやしあきこ/作
福音館書店
1998年　600円（税込）

▲誰か隠れているよ。でてこい！　でてこい！
色紙の中から、いろんな動物が出てきます。

たまごのあかちゃん
かんざわとしこ/文
やぎゅうげんいちろう/絵
福音館書店
1993年　780円（税込）

▲卵の中でかくれんぼしている赤ちゃんはだあれ？　出ておいでよ！　卵の中から、いろんな動物が出てきます。

高田　修●たかだこども医院/宮城県宮城郡

23　ぼくがおっぱいをきらいなわけ

礒みゆき/作・絵　ポプラ社　2001年　819円（税込）

本当は、おっぱいが大好きなのに、いろんな理由をつけて、おにいちゃんはおとうとと違うんだと、強がっています。でも、でも、実は、おっぱいが、おかあさんが、大好き！　切ないほど、おにいちゃんの気持ちがわかります。

本当はおっぱいが大好き

子育て支援の講演会で、時々読んでいる絵本の１冊です。

新しい家族が生まれると、よく見られるような兄弟の葛藤、特におにいちゃんの気持ちをとてもうまく描いてある絵本です。

タイトルも強烈な印象を与えます。“おっぱい”が話の中心です。赤ちゃんが生まれるまでは、おにいちゃんが、おかあさんを独り占めにしていました。でも、新しく生まれた下の子には、おっぱいが必要です。そのことは、おにいちゃんも、ちゃんと理解はしているのですが、どうも気に入らない。「おっぱいをとられた！」ことで、今まで自分ひとりが独占していたおかあさんを、赤ちゃんにとられたような気持ちになるのでしょう。でも、おにいちゃんは、やっぱりおにいちゃんでもいたいのです。そこの葛藤がよくでていて、微笑ましく思います。

おにいちゃんが、頭を打って、おかあさんのいる寝室に入っていくシーンがあります。そして、おかあさんに思いっきり抱きしめられるのです。この時、講演会場のおかあさん達を見ると、皆さんうなずいていらっしゃいます。

主人公のおにいちゃんは、やっぱり前と同じように、おかあさんは自分のことをいっぱいいっぱい愛してくれている、と感じたことでしょう。

子育ての中で、こども達と一緒におかあさん達にも読んでもらいたい１冊です。

関連する絵本

ぼくがあのこをきらいなわけ
礒みゆき/作・絵
ポプラ社
2002年　819円（税込）

ぼくがパンツをきらいなわけ
礒みゆき/作・絵
ポプラ社
2002年　819円（税込）

松田幸久●まつだこどもクリニック/鹿児島県鹿屋市

263-00439

24　しゅくだい

宗正美子/原案　いもとようこ/文・絵

岩崎書店　2003年　1,365円（税込）

“だっこ”の宿題が出た、もぐらのもぐくん。皆の前では恥ずかしいけど、本当はうれしい“だっこ”。急いでおうちに帰ったけれど、お母さんは赤ちゃんのお世話で大いそがし。さあ、宿題はちゃんとできるでしょうか？

こどもは“だっこ”が大好きです！

幼稚園の年中さんのクラスで読み聞かせをした時のことです。この絵本を読み終わって、「今日は帰ったら、いっぱい“だっこ”してもらってねー」と僕が言ったところ、いっせいに「やだー！」と言われてしまいました。あまりに絵本のとおりだったので、思わず笑ってしまいました。

“だっこ”に対するこども達の思い、また、もぐくんのようにお兄ちゃんになった時の微妙な気持ちがよく伝わってくるお話です。もうお兄ちゃんの年なのだから“だっこ”なんて恥ずかしい（特に友達の前では）という思い。一方で、まだまだ“だっこ”してほしい気持ちも。また、赤ちゃんばかり大事にされて、ちょっと寂しい思いも。

原案の宗正さんが、教員生活を通して感じてこられたこども達の思いなのでしょう。いもとようこさんの動物達の絵が、かわいいこども達にぴったりです。にっこにこの目の表情がたまりません。

もぐくんは、宿題のおかげで、お母さん、お父さん、おばあちゃんからいっぱい“だっこ”してもらいました。その夜はぐっすり眠り、次の朝はいつもにも増して元気でした。もぐくんだけではありません、クラスの皆も元気いっぱいだったのです。

やっぱり、こども達はいくつになっても“だっこ”が大好きなのですね。

関連する絵本

ぷくちゃんのたくさんだっこ
ひろかわさえこ/作
アリス館
2001年　924円（税込）

▲お留守番したぷくちゃん、家族み〜んなに抱っこしてもらいました。

すりすりももんちゃん
とよたかずひこ/作・絵
童心社
2002年　840円（税込）

▲ひよこさん達にすりすり、でも最後はお母さんに抱っこされてすりすり。

住谷朋人●住谷小児科医院/高松市

263-00439

25　わたしと あそんで

マリー・ホール・エッツ/文・絵　よだじゅんいち/訳

福音館書店　1968年　1,050円（税込）

「わたし」は原っぱへ遊びに行きます。ばった、かえる、かめ、りす。「あそびましょ」と言ったのにみんな逃げてしまうのです……。

疲れた母もほのぼのしました

ほのぼのする本です。流行の言葉で言うと、「癒される」っていうのでしょうか。絵が語る絵本なので文章の量も少なく、疲れていても読み聞かせるのに負担が少なかったので、私も娘に何回も読み聞かせたものでした。

薄黄色の地に、黄色い髪の女の子のアップの表紙。表情は穏やか。裏表紙はお日様の下で飛びはねているちっちゃな子。

主人公は3歳くらいでしょうか。一人で原っぱに遊びに出かけます。いろいろな動物達に声をかけるのですが、みんな逃げていってしまいます。「だあれも　だあれも　あそんでくれないので」わたしは水辺でじっと座り込んでしまいました。すると、声をかけたみんなが集まってきます。賢いわたしは「そのまま　おとをたてずに　じっとして」、鹿の赤ちゃんが来ても動かずにいると、鹿がほっぺをなめてくれるんですね！　その時の女の子の嬉しそうなことといったら！　次のページも女の子の嬉しさがしみじみ伝わる穏やかな風景です。

読み聞かせをするたびに、娘のおいしそうなほっぺを鹿と一緒になめていたのですが、娘は物語に入り込んでいるのを邪魔されるため、いつも怒ってしまうのでした……。怒らせた情景を幸せなものと記憶している母を、今も娘は怒るのでしょうか？

関連する絵本

ちょっとだけ
「こどものとも」年中向き2005年4月号
瀧村有子/作　鈴木永子/絵
福音館書店
2005年　380円（税込）

セシのポサダの日
クリスマスまであと九日
エッツ＆ラバスティダ/作
たなべいすず/訳
冨山房
1974年　1,470円（税込）

▲忙しいお母さんに

多田香苗●明和病院/兵庫県西宮市

263-00439

絵本のある風景……③

絵本とコミュニケーションの発達

佐々木邦明●佐々木こどもクリニック／名古屋市

●お母さんのお腹の中にいる時

お腹の中の赤ちゃんは、4カ月頃になると耳が聞こえるようになります。何を聞いているかというと、お母さんの血管を流れる血液の音や心臓の拍動と、お母さんの声です。赤ちゃんがコミュニケーションの能力を身につけるための努力は、すでに母親のお腹の中にいる時から始まっています。お腹の中の赤ちゃんに絵本を読み聞かせることは意味のあることなのです。

●生まれてきた時

生まれてきた時、すでに赤ちゃんはお母さんの声と他の人の声を聞き分ける能力を持っているそうです。お腹の中で聞いていたお母さんの声を忘れていないのですね。胸の上に赤ちゃんをうつぶせに抱いて、やさしく声をかけてあげてください。カンガルーケアと呼ばれる育児の始まりです.

●生後2～3カ月の頃

赤ちゃんは「あー」とか「くー」とか声を出します。クーイングの始まりです。まだ声を出して笑いませんが、気持ちのよい時には微笑んでくれます。

●生後4カ月頃を過ぎると

4カ月頃になると、赤ちゃんは声を出して笑うことができるようになります。6カ月頃には、唇や舌を使って「ばぶばぶ」と声に似た音を出すことができるようになってきます。喃語（なんご）の始まりです。お膝にだっこして絵本を開くと、赤ちゃんは絵本に手を伸ばしたり、なめようとしたりします。ほんの一瞬かもしれませんが、好きな絵をじっと見つめていることがあります。絵本の読み聞かせを始めるのに早すぎることはありません。

●生後9カ月頃

お母さんが話しかけると、赤ちゃんはお母さんの顔を一生懸命見ています。赤ちゃんは、おとなが話しかける言葉の中から単語を取り出して、記憶の中に蓄積し始めているのです。抑揚をつけたり、音を繰り返して「わんわん」などと表現する赤ちゃん言葉は、赤ちゃんが話し言葉の中から単語を選び出すためには必要なことです。

●1歳の頃

1歳頃になると指さしが始まります。指さしは物を示す意味と、「これは何？」とおとなに尋ねる意味もあります。赤ちゃんが指さした物を繰り返し声に出してあげるとよいと思います。絵本を読み聞かせる時には、「わんわんはどこ？」などと、赤ちゃんに指さしをさせてみてください。まだ喋らないのに結構いろんなことを知っているのに驚くはずです。

●1歳半を過ぎたら

歩けるようになったら、こどもの生活は大きく変わってきます。冒険心の芽生えと、何でも自分でしようとする自我の芽生えです。好きなおもちゃや、絵本を抱えて、自由に部屋の中を移動できるようになります。絵本もおもちゃの一つとして、いろんな目的に使われます。

自分の好きな絵が出てくると、「わんわん！」などの言葉が出るようになります。お母さんのまねをして、人形やぬいぐるみ

263-00439

に読み聞かせをしているような仕草をすることもあります。そろそろ、就寝時に絵本を読み聞かせることを毎日の習慣にしたらよいと思います。

●2歳になったら

自分で絵本をめくって好きな絵のあるページを開くことができるようになります。お気に入りの絵本を何度も繰り返し読んでくれとせがんできます。すっかり物語を憶えていて、絵を見ながらお話をしたりできるようになります。日常生活でも「これは何？」とこどもの質問が続きます。そろそろクレヨンと紙を与えて、一緒にお絵かきも始めてみましょう。

●3歳になったら

本を片づけたり、本棚に順序よく並べたりできるようになります。かなり長い物語でもじっと聞いていることができます。物語の筋を憶えていて、自分なりにアレンジして話してくれます。作り話もするようになります。おとなは、こどもが話し終わるまでゆっくり聞いてあげましょう。自分の名前が書けたり、ひらがなが少し読めるようになったりしてきます。幼稚園や保育園で読んでもらった絵本の話を家に帰ってから話してくれるようになります。

こどもがコミュニケーションの能力を積み重ねていくのに、家庭で絵本を読み聞かせる習慣を持つことは、とても大切なことだと思います。

待合室の絵本

26　手ぶくろを買いに

新美南吉/作　黒井 健/絵

偕成社　1988年　1,470円（税込）

森に初めて雪が積もった夜、母ぎつねに魔法をかけてもらった子ぎつねは森から降りて町に手ぶくろを買いに行きます。
新美南吉の懐かしくて叙情的な語りに、黒井 健の繊細な絵が見事にマッチしている作品です。

待合室は親子が絵本に出会う大切な場所です

数年前に、小児科の待合室に置いてあるものの調査をしたことがあります。おもちゃや、雑誌、テレビ、ビデオなど、診療を待つこども達を退屈させないために、待合室にいろんなものを置いていることがわかりました。その中で、最も多かったのが絵本です。小児科の待合室は、こども達が絵本と巡り会う貴重な場所の一つなのですね。

小児科医自身が「待合室の絵本」の大切さに気づくことが必要だと思いました。私にそのことを気づかせたのが『手ぶくろを買いに』でした。

表紙をめくってみましょう。一ページ目は、狐の穴に鮮烈な雪の反射光が差し込んでまばゆいページです。雪景色の光線を、子ぎつねが「母ちゃん、眼に何か刺さった、ぬいて頂戴、早く早く」と表現します。子ぎつねは初雪の森に出てひとしきり遊び回ります。母きつねは、ちんちんと冷えた子ぎつねの手に息をふきかけて、町まで行って毛糸の手袋を買ってやろうと思うのです。母親が子ぎつねに魔法をかけている場面はとても美しく描かれていて、そのまま表紙になってしまいました。町の帽子屋は狐とわかっているのに手袋を渡します。子ぎつねは帰り道に人間の親子が話しているのを聞きます。「こんな寒い夜は、森の子ぎつねは寒い寒いって泣いているのでしょうね」。新美南吉の懐かしい日本語が続きます。

昔のおとな達はこんなに美しい言葉でこども達に話しかけていたのですね。最近のこども達の言葉が変わっていくのは当たり前です。私達おとなの言葉が貧しくなっているのですから。待合室には美しい日本語で語られた絵本を並べようと思いました。

関連する絵本

ごんぎつね
新美南吉/作　黒井 健/絵
偕成社
1986年　1,470円（税込）

やまなし
宮沢賢治/作　遠山繁年/絵
偕成社
1987年　1,470円（税込）

▲「クラムボンはわらっていたよ。」
「クラムボンはかぷかぷわらったよ。」

佐々木邦明●佐々木こどもクリニック/名古屋市

263-00439

27　バムとケロのにちようび

島田ゆか/作・絵　文渓堂　1994年　1,575円（税込）

雨の日曜日。バムは仕方ないので家で本を読もうと思いました。だけどその前にケロちゃんが散らかした部屋をおかたづけ。終わったと思ったら、泥んこのケロちゃんが帰ってきて、家の中はドロドロ。さあ、無事に本は読めるかな。

“バムとケロ”ワールドへようこそ！

この絵本は、「読み始めたらこどもが釘付けになるよ」と友人から開業のお祝いとしていただきました。まだ僕が絵本に興味を持っていない頃でしたが、こどもどころか僕自身が釘付けになりました。

本のとびらを開けば、カラフルで背景まで細かく描かれたかわいい絵が画面いっぱいに広がっていました。おもちゃ屋に一歩足を踏み入れたこどものようにワクワクし、目移りする感じでした。お話もテンポよく進み、知らず知らずのうちにページをめくってしまいます。お風呂に入って、ドーナッツを作って、真っ暗な屋根裏部屋で本を探してと、こども達がやってみたいこと、好きそうなことが次々と起きるのです。こども達がこの絵本に夢中になるはずです。

主人公のバム（犬）とケロ（カエル）のほかに、隠れキャラクターとして小さい犬が出てきます。ところどころに登場して、そこには別のストーリーがあるように見えます。また、壁にかかった絵をよく見ると……。こんなふうに初めから終わりまで、隅から隅まで楽しめるのです。

もちろんこどもに読み聞かせると大喜びです。何度でも読んで読んでとせがまれます。そして、その度に食い入るように絵を見ています。「あっ、ケロの形のドーナッツがここに！」など、毎回新しい発見をして楽しんでいます。

関連する絵本

バムとケロのそらのたび
島田ゆか/作・絵
文渓堂
1995年　1,575円（税込）

▲バムとケロは飛行機で、お誕生日のお祝いにおじいちゃんちへ向かいます。

かばんうりのガラゴ
島田ゆか/作・絵
文渓堂
1997年　1,365円（税込）

▲ガラゴは旅する鞄屋さん。次から次へとお客さんがやってきます。

住谷朋人●住谷小児科医院/高松市

28　ミッケ！
がっこう――I SPY8

ジーン・マルゾーロ/文　ウォルター・ウィック/写真　糸井重里/訳

小学館　2003年　1,428円（税込）

新しくて、懐かしいかくれんぼ絵本。もういいかい？
まず、がっこうをさがしてね。ものさし、はさみ、じしゃくもあるよ。
さあ、ミッケ！

ミッケの次には、もっと大切なものも見つけてね

ミッケのシリーズには、がっこう、ゴーストハウス、たからじま、いつまでもあそべるかくれんぼ絵本、びっくりハウス、ファンタジー、ミステリー、クリスマスの８冊があります。こどもの頃に大切にしていた宝箱を白い紙の上にひっくり返して、写真に撮ったような絵本です。

最初に待合室に並べたのが『がっこう』です。たちまち人気絵本になりました。診察が始まっても、まだまだ探し物が見つからないのか、絵本を手放さない子もいます。「お母さん見つけておいて」と、ちゃっかりした子もいます。診察が暇な時には私も参加して探します。待合室の時間を退屈せずに過ごすにはもってこいの本です。親子で一生懸命に絵本の中の何かを探しているのは、ほほ笑ましい光景です。でも、小児科医としてはちょっと物足りない。ミッケの次に、親子で探してほしいもっと大切なものがあるからです。

こどもに浣腸をしようとした看護師さんが「だんご虫のようになってごらん」と声をかけました。ところが、お母さんもこどもも「だんご虫ってどんな虫？」と、きょとんとしているのです。公園に行けばいくらでもいるのに、しめった枯れ葉の下や、石をめくったりして遊ばないから知らないのです。今森光彦さんの『ダンゴ虫一やあ！出会えたね』を見せながら「これがだんご虫、それからね、元気になったら、お外に出て行ってこんなものも探してごらん」と、矢島稔さんの『自然のかくし絵』を教えてあげました。

ミッケは待合室だけの楽しみにして、元気になったら、遠くまで見渡せる広い場所で思いきり遊んでほしいと思うのです。

関連する絵本

ダンゴムシ
―やあ！出会えたね
今森光彦/文・写真
アリス館
2002年　1,470円（税込）
▲どこにでもいるのに、こどもの視線でないと見つからない不思議な虫です。

自然のかくし絵
―昆虫の保護色と擬態
矢島 稔/作
偕成社
1983年　2,940円（税込）
▲いるのに見えない昆虫たちのカムフラージュ。カメラのレンズを鳥の眼として撮った不思議さいっぱいの写真絵本。

佐々木邦明●佐々木こどもクリニック/名古屋市

263-00439

29　スイミー

レオ・レオニ/作　谷川俊太郎/訳

好学社　1969年　1,529円（税込）

小さな魚のきょうだい達が、恐ろしいまぐろに食べられてしまいました。逃げ延びたのはスイミーだけ。悲しみと孤独に耐えたスイミーは、新しい仲間を見つけ、知恵をしぼって大きな魚達に立ち向かいます。

優しく人生を教えてくれる
レオ・レオニの絵本の世界

たくさんの小さな赤い魚達と楽しく泳いでいる、一匹だけ黒いスイミー。そこに突然、まぐろが襲いかかり皆を食べてしまいます。たった一匹生き残ったスイミーの気持ちを、背景の色の無い海が教えてくれます。でも、海の中の素晴らしいものに出会っていくうちに、スイミーは元気を取り戻してゆきます。読み聞かせをすると、淡い色合いながら色彩豊かに描かれた海の中の様子に、こども達は見入ります。

新しい小さい赤い魚の仲間達に出会ったスイミーは、逃げてばかりはいられないと、考えに考えて考えつきました。小さい魚が集まって、大きな魚のふりをして一緒に泳ぐことを。一匹だけ黒いスイミーが“目”になって大きな赤い魚が完成する場面では、こども達から「わあー、大きい！」と歓声があがります。

ラストの大きな魚を追い出す場面では、こども達のまるで自分が追い出したかのように、誇らし気で満足そうな表情が見られます。

レオ・レオニの作品には、必ず何かしらのメッセージが込められています。個性とは？　自分とは？　希望、勇気、友情、人生など。一言ではなかなか言い表せないようなテーマを、コラージュなどの独特の手法で表現して、優しく教えてくれるのです。そして、読み終わった時、何か心地よい余韻を心の中に残してくれます。

関連する絵本

あおくんときいろちゃん
レオ・レオーニ/作　藤田圭雄/訳
至光社
1984年　1,260円（税込）

▲青色と黄色の丸いちぎり絵で表現された絵本です。

フレデリック
ちょっとかわったねずみのはなし
レオ・レオニ/作　谷川俊太郎/訳
好学社
1969年　1,529円（税込）

▲コラージュで描かれた、ちょっと変わった野ねずみの話。

住谷朋人●住谷小児科医院/高松市

30　ウィリーはとくべつ

ノーマン・ロックウェル/絵とお話　谷川俊太郎/訳

紀伊国屋書店　1995年　1,529円（税込）

ウィリーはつぐみ。でも他のつぐみとはちょっと違っていました。ポリーさんはウィリーの才能を見出しましたが、そのおかげでウィリーは有名になりすぎました。ウィリーはノーマンロックウェルそのものかもしれません。

ロックウェルの絵と彼が描いた唯一の絵本

小児科の待合室では、こどもの目線で絵本がレイアウトされていると思います。でも、大人は待合室で待っている時、視線をやや上に上げています。私の医院では、ノーマン・ロックウェルのリトグラフを季節ごとに取り替えて壁にかけ、大人の方に楽しんでいただいており、今は「ダッグアウト」が診察室正面にあります。

ノーマン・ロックウェルは著名なイラストレーターで、血圧の薬の宣伝に使われた「ドクター・アンド・ドール」など、皆さんもきっと目に触れたことがあるはずです。

私の医院の待合室の絵本の中に、ロックウェルの画集も何冊か置かれています。そのロックウェルが描いた唯一の絵本が『ウィリーはとくべつ』です。

つぐみのウィリーは、フルートに合わせて歌を歌える特別な才能がありました。それが認められ天才として生きることを求められましたが、自分が似合うのは自然の中とわかり、元の森に戻りました。ロックウェルの素晴らしい絵が、自らの文章と一体となった素敵な絵本です。

医院の待合室の壁には、季節ごとにたむらしげるさんの絵を取り替えて飾っています。こどもは季節が変わると、たむらブルーの絵が替わったことに気づきます。おとながロックウェルの絵が替わったことに気づいたかどうかは、目を見ればわかります。

皆さんの小児科の待合室にはどんな絵が飾られていますか？

関連する絵本

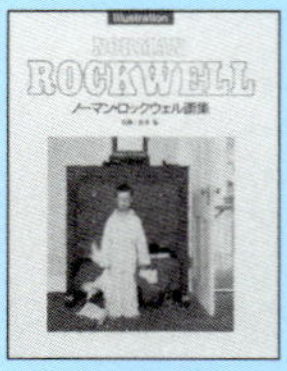

ノーマン・ロックウェル画集
白泉社
1997年　2,625円（税込）

▲この画集の絵をご覧になったことが一度もない方は一人もいないはずです。

荻田安時●おぎた小児科医院/新潟県柏崎市

263-00439

31　コーギビルの村まつり

ターシャ・テューダー/絵・文　食野雅子/訳

メディアファクトリー　1999年　1,680円（税込）

コーギ犬と猫とウサギとボガードが住んでいるコーギビルでのお話です。主人公の名前はコーギ犬のケイレブ、村まつりのメインイベントのヤギに乗って走るグランドレースに参加します。さて、優勝の銀貨は誰の手に！

犬に読み聞かせた絵本

コーギ犬のＦが我が家に来たのは、僕が小児科診療所を開設して間もない頃で、３人のこども達もそれぞれ大学受験や国家試験で、家中がざわざわとしていました。その時、潤いを与えてくれたのはＦでした。家族の団らんの時にはいつも誰かの膝の上でまどろんでいました。

この本を見つけた頃には、家族全員で居間のテーブルの上に広げて、コーギ犬の愛らしい仕草を指さしながら何度もページを行ったり来たりしました。それから、何年かが過ぎて、こども達は一人ひとり家を出て行きました。気づいてみると、あんなににぎやかだった居間に妻とＦと私だけです。Ｆを膝に乗せてこの本を読み聞かせました。Ｆはいつの間にか膝を降りて、ソファのクッションを枕にして寝てしまいました。

その日の夜、僕は不思議な夢を見ました。この本の作者のターシャさんから「素敵な季節になりました。一度遊びに来ませんか」と、手紙が届いたのです。さっそく僕は飛行機とバスを乗り継いで、ニューイングランドに向かいました。やっと家に着いて、アプローチの小道を歩いていると、にぎやかな犬の吠える声とともにコーギ犬が3匹もつれ合うように全力で走ってきました。

猛烈な歓迎に戸惑っていると、奥の家の扉を開けて、ターシャさんがにこやかに手招きしています。

「わざわざ、日本から来てくださったのね。」

居間のテーブルには紅茶とマフィンが用意されていました。

「ここは退屈じゃないですか。」

「みんなは、私が過去に生きていると思っているけど、それは間違いよ。時は常に流れているの。あなたが懐かしく思い出すことは、もう未来よ。」

その後、目が覚めるまで長い長い話をしていたはずですが、何を話していたのかはすっかり忘れてしまいました。

関連する絵本

コーギビルのゆうかい事件

ターシャ・テューダー/絵・文
食野雅子/訳
メディアファクトリー
2001年　1,680円（税込）

▲『コーギビルの村まつり』で大活躍したコーギ犬のケイレブは、大学を卒業して立派な探偵になります。

コーギビルのいちばん楽しい日

ターシャ・テューダー/絵・文
食野雅子/訳
メディアファクトリー
2002年　1,680円（税込）

▲87歳のターシャ・テューダーがクリスマスを迎えるコーギビルの様子を暖かく描いています。

佐々木邦明●佐々木こどもクリニック/名古屋市

絵本のある風景……④

待合室の絵本

佐々木邦明　佐々木こどもクリニック／名古屋市

待合室に絵本を

●待つ時間を大切に

診察の順番を待つのは親子にとって不安な時間ですが、日常生活の中で少し遠ざかっていた親子の距離が接近する時でもあるような気がします。テレビやビデオの置いてある待合室もありますが、せっかくできた親密な時間をただやり過ごすのは、もったいないと思います。待合室の時間を親子の絆を深めるために大切に過ごしてほしいのです。

●待合室に並べる絵本

待合室の本箱には図書館のようにたくさんの本を並べる必要はないと思います。院長や医院のスタッフが選んだ絵本を並べておけばよいのです。それに、季節ごとに絵本を入れ替えてみてはいかがでしょうか。小児科の医院に個性があるように、それぞれの医院の待合室の絵本にも個性があってよいと思います。「院長先生はこんな絵本が好きなんだ」と、医院を訪れる親子との間に共感が生まれればよいと思います。もし、絵本に不案内でしたら、ぜひ、この『小児科医が見つけた えほん エホン 絵本』を参考にしてみてください。

●待合室の本箱

こどもが手を伸ばせば簡単に本が取れるように、本箱は低い位置に置くことが大切です。手荒く扱っても壊れないように頑丈であることはもちろんですが、地震が起きても倒れないようにしっかり固定しておく必要があります。私の診療所ではこども図書館用の家具を使っています。

263-00439

●絵本の表紙を見せて並べる

本箱に立てかけられたままで、背表紙しか見えないと、絵本はなかなかこどもの興味を引きません。こども図書館のディスプレーを見本にして、診察室の壁面に楽譜置きのような書棚を一列に並べて取り付けてみました。ベンチに座って診察を待つ親子のちょうど目線の位置に絵本の表紙が並んで見える仕組みです。

ある日、診察室を出て、中待合いのベンチを眺めてみる機会がありました。診察を待っている親子の全員が絵本を開いて読んでいるではありませんか。絵本の表紙絵には作家の熱い思いが込められているのでしょうね。表紙の見えるディスプレーは、こども達が絵本に近づくのに大変効果的であることがわかりました。

●絵本の片づけと補修

診察が終わった後には、診察室のあちこちに散乱した絵本を片づけなければなりません。人気のある絵本はすぐにぼろぼろになってしまいます。定期的に補修したり、補充する必要もあります。

ところが、何年か続けているうちに、私と医院のスタッフにとってこれらの作業がとても大切なことがわかりました。まず、診療が終わった後に絵本を読む習慣ができました。絵本の汚れ具合でこども達の好きな絵本を知ることができました。絵本の中にこどもとつき合うための大事なコツを見つけることもありました。スタッフと絵本を話題にした会話が弾むようになりました。

「絵本を読み合う楽しさ」を家庭に持ち帰ってください

医院を訪れたすべての親子に「絵本を読み合う楽しさ」を、ぜひ家庭に持ち帰ってほしいと願っています。

32　もじゃもじゃペーター

ハインリッヒ・ホフマン/作　ささきたづこ/訳

ほるぷ出版　1985年　2,310円（税込）

ドイツのお医者さんが、自分のひとり息子のクリスマスプレゼントに絵本を買ってやることにしました。でも、つまらない本ばかり。そこで、自分で描いちゃいました。『3歳から6歳までのこどものための、ゆかいな物語とこっけいな絵』。それがこの絵本のオリジナルタイトルです。

世界で最初のロングセラー

世界で最初にロングセラーになったこの絵本は、1844年にハインリッヒ・ホフマンというドイツの開業医が作りました。日本はまだ江戸時代末期の頃のことです。ホフマンはこどもの診察中に面白いお話や絵を描いたりして、むずがるこどもをなだめるのが上手だったのだそうです。そんな彼の3歳半になる息子のために、ノートに自分で絵を描いて作った絵本がこの『もじゃもじゃペーター』です。

表紙の絵をご覧ください。「ごらんよ　ここにいる　このこを　うへえ！　もじゃもじゃペーターだ。りょうての　つめは　１ねんもきらせないから　のびほうだい　かみにもくしを　いれさせない　うへえ！　と　だれもが　さけんでる　きたない　もじゃもじゃペーターだ！」という調子のよい文章が付きます。

一見、親の言うことをちっとも聞かないこどもをたしなめるための「しつけ絵本」ですが、そうではありません。ホフマンという人は、本当にこどもの気持ちがよくわかっていたのですね。スープを飲まない太っちょカスパーは、４日目にはもう針のように痩せ細り、５日目には死んでしまうし、ママに「しちゃダメ！」と言われた指しゃぶりをした途端、パタンと戸が開いて入ってきた仕立屋に、大きなハサミで親指を「ちょきん」と切られる可哀想なコンラート少年。このあまりに残虐な結末を、こどもらはなぜか大喜びするのです。この絵本は、600版以上を重ねて今でも世界中のこども達に愛されて読まれています。

関連する絵本

おっとあぶない
マンロー・リーフ/作
わたなべしげお/訳
フェリシモ出版
2003年　1,300円（税込）

けんこうだいいち
マンロー・リーフ/作
わたなべしげお/訳
フェリシモ出版
2003年　1,300円（税込）

▲「まぬけ」なこどもがたくさん登場するこれらの絵本も、過激なブラックユーモアたっぷりで大いに笑えます。

北原文徳●北原こどもクリニック/長野県伊那市

263-00439

33　てぶくろ

ウクライナ民話

エウゲーニー・M・ラチョフ/絵　うちだりさこ/訳

福音館書店　1965年　840円（税込）

てぶくろの中にどんどんいろいろな動物が入ってゆくお話です。

どこまでが本当の話？

絵を読む楽しみがいっぱいの絵本です。丁寧に細部まで描かれた絵を眺めているうちに、絵本の世界に入り込み、そして、登場人物と一緒にお話の中に“行って帰ってくる”ことを体験できる絵本ではないかな、と思います。

雪の中に手袋が片方落ちています。そこに、最初にねずみがやって来ます。ねずみはとても小さく、手袋はねずみの何倍もの大きさがあります。次のページでは、手袋は土台やはしごを加えられ、暖かそうな家と化しています。そこへ、かえるがやって来ます。かえるもねずみと同じくらいの大きさです。2匹が入っても、手袋はまだまだ余裕があります。次に来るのは、うさぎ。うさぎは、2匹よりちょっと大きめ。でも、余裕のある2匹は「どうぞ」とうさぎを迎え入れます。そのあと、きつね、おおかみ、いのしし、くまと体の大きな動物が続けて来ますが，手袋の増改築は見事に進み，かえるとねずみの2匹はニコニコと暮らしています。

手袋の中にくまが入ってしまうなんて、いくらこどもだって、うまく受け入れることができないのではないかなと思います。でも、こんなふうに少しずつお話が進んでいくと、くまだって手袋の中に入れるかもしれない、と思えてくるから不思議です。

また、登場人物のネーミングも楽しいです。“くいしんぼねずみ”“ぴょんぴょんがえる”“はやあしうさぎ”に“おしゃれぎつね”。きつねに限らず、皆の洋服もそれぞれ味わいがあります。ストーリー、文章、絵とそれぞれを何通りにも楽しむことができ、しかも、3～4歳でも理解できる単純だけど不思議なお話。赤ちゃん絵本が物足りなくなった方の最初のストーリー絵本に最適です。日本人がロシアの昔話に親しむことを可能にしてくださった訳者の内田莉莎子さんに感謝いたします。

関連する絵本

くまさんの　おなか
長 新太/作
学習研究社
1999年　1,470円（税込）

▲くまさんのおなかに、いろんなものが入っていきます。

3びきのくま
トルストイ/文　おがさわらとよき/訳
バスネツォフ/絵
福音館書店
1962年　840円（税込）

▲知っているようで、きっちり覚えていないことの多い、ロシアの昔話です。

多田香苗●明和病院/兵庫県西宮市

34　ちいさい おうち

バージニア・リー・バートン/文・絵　いしいももこ/訳

岩波書店　1965年　1,680円（税込）

田舎の丘の上のちいさいおうちは、こども達と四季おりおりの生活を過ごしていましたが、周りが都会になり忘れ去られていきます。ちいさいおうちがおばあさんのうちであることに気がついた孫娘が、田舎に運んでくれ、再びしあわせな生活が戻ります。

おとなになっても心に残る本

父は街に出ると、いつも絵本を買ってきて読んでくれました。昭和30年代当時は絵本の種類も少なく、「岩波の子どもの本」シリーズが主なものでした。今でもそのほとんどを鮮やかに覚えています。

その頃、私達家族も、この絵本と同じような田舎の丘の上の小さな家に住んでいました。目の前には海が広がり、四季の変化とともに海の色や波の様子が変わるのを毎日眺めて暮らしていました。

後にその家を移り、伯父一家と祖母との同居生活が始まり、父が本を買ってくることも少なくなりました。大家族の生活は窮屈で、私達の思いはちいさいおうちがビルに囲まれた時の気持ちに似ていました。

その後、再び私達家族だけの生活に戻ることができ、父はまた成長した私や弟達のために楽しい本を買ってきてくれるようになりました。大きくなってもそれらの本はたびたび話題にのぼり、私達家族の団らんの時間を楽しいものにしてくれました。

絵本はその内容以上に、その本をめぐる家族のつながりをこどもの心に深く残してくれるものではないでしょうか。私にとっては、この『ちいさい　おうち』が、こどもにとって何よりも大切な温かい家庭の象徴に思えます。

こどもの心が豊かに育つような家庭環境を両親が大切にしてくれたことが、今の私の幸福につながっていることを感じます。ちいさいおうちが孫によって再び幸福な生活を取り戻したように、私もこの幸福をこども達へ伝えていきたいと思います。

関連する絵本

まりーちゃんとひつじ
フランソワーズ/文・絵
与田凖一/訳
岩波書店
1956年　672円（税込）

こねこのぴっち
ハンス・フィッシャー/文・絵
石井桃子/訳
岩波書店
1987年　1,575円（税込）

高橋菜穂子●小児科高橋医院/東京都町田市

263-00439

35　かしこいビル

ウイリアム・ニコルソン/作　松岡享子、吉田新一/訳

ペンギン社　1982年（初版）　1,050円（税込）

メリーはお気に入りの品々をトランクに詰めて、おばさんの待つドーバーへ向けて汽車に乗りました。ところがなんと！一番大切なお人形「かしこいビル」を置き忘れてしまったのです。でも、ビルは起きあがって、走って、走って、全速力で走って……。

絵が語る、こどもと人形の至福の時間

長男が２歳になって、息子を寝かせつけるのは父親の役目になりました。母親は生まれたばかりの次男の世話で手一杯だったからです。それまで絵本なんてまったく興味のなかった僕も、長男を眠らせるために初めて絵本を手に取りました。ところが、どの本を読んでもつまらない。どこが面白いのかさっぱりわからなかったのです。父親がいやいや絵本を読み聞かせしても、こどもはちっとも楽しくありません。そんな試行錯誤を繰り返すうちに、この『かしこいビル』と出会いました。

息子と一緒にベッドに寝ころんで、仰向けになった体勢で、絵本を上に掲げて読み聞かせするのですが、ページをめくるにつれ、僕自身がぐいぐいとその物語世界に引き込まれてゆくのが実感できたのです。置いてきぼりにされたビルは、いったいどうなるのか？

ハラハラドキドキの連続。静かな前半から一転して一大スペクタクルが展開される後半の見事さ！

そして、心から満足できるラストの安心感。おとなになってせわしない毎日を過ごすうちに、すっかり忘れてしまった大切なあの頃の「こどもの時間」を、この絵本は僕に思い出させてくれたのです。

1926年にアメリカで出版されたこの絵本の作者はイギリス人です。世紀末のパリで活躍したロートレックの石版画に多大な影響を受けたウイリアム・ニコルソンは、商業用ポスターデザインを手がける売れっ子イラストレーターでした。その彼が、娘メリーのために初めて描いた絵本が、この『かしこいビル』。ミルンの『くまのプーさん』と同様に、登場するおもちゃはすべて、現実のメリーのものだったそうです。巻末の松岡享子さんの解説を読むと、さらに楽しめること請け合いです。

関連する絵本

くまのコールテンくん
ドン・フリーマン/作
松岡享子/訳
偕成社
1975年　1,260円（税込）

まいごになったおにんぎょう
A.アーディゾーニ/文
E.アーディゾーニ/絵
石井桃子/訳
岩波書店
1983年　840円（税込）

▲僕は、こんな友達がほしかったんだ！

北原文徳●北原こどもクリニック/長野県伊那市

36　海のおばけオーリー

マリー・ホール・エッツ/文・絵　石井桃子/訳

岩波書店　1974年　1,400円（税込）

お母さんから引き離され、遠い水族館に売られてしまったこどものアザラシ“オーリー”の大冒険。

50年以上たっても色あせない名作

マリー・ホール・エッツは、1935年の心温まるデビュー作『ペニーさん』に始まり、名作『もりのなか』のほか、『ちいさなふるいじどうしゃ』『わたしとあそんで』『ジルベルトとかぜ』など、現代でもまったく色あせないお話を世に送り出しています。この『海のおばけオーリー』の原作は、1947年（昭和22年）に描かれたものです。

オーリーは、人間の気まぐれで、お母さんから引き離され、海から遠く離れた内陸部の水族館に売られてしまったアザラシのこども。お母さんが恋しくて、ご飯も食べられずに衰弱し、安楽死させられるところを、飼育係のおじさんの機転で近くの湖に逃がしてもらいます。自由になったオーリーが、湖のあちこちに出没するたび、おとな達は「おばけが出た！」と大騒ぎ。新聞にデマ情報が流れ、ウワサはウワサを呼び、オーリーは身の丈50m以上にもなる大怪獣として報道されてしまいます。このままでは、またつかまってしまいます。心配した飼育係のおじさんが、海へ帰るんだよと諭します。

「そうだ、おかあさんのいる、海へいくんだ！」

次のページでは見開きで、ミシガン湖からボストンの海辺へいたる広大な地図が描かれています。かわいそうなオーリーは、こんな遠くまで連れてこられていたのです。しかし、オーリーはけなげに４つの湖を横切り、セント・ローレンス川を下り、お母さんのいる海へ帰っていきます。

はじめてこの本を息子に読み聞かせた時は、この最後の見開きの地図に黙々と見入っていました。お母さんに会いたい一心で、長い長い水路を一瞬で泳ぎ切ったオーリーの気持ちをかみしめていたようです。オーリーの大冒険。何回読んでも、胸のすくお話です。

関連する絵本

わたしとあそんで
マリー・ホール・エッツ/文・絵
よだじゅんいち/訳
福音館書店
1968年　1,050円（税込）

▲エッツも体験したであろう、野原での静かな時間。一緒にお楽しみください。

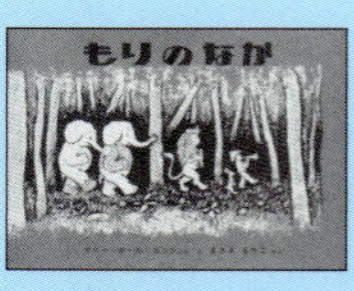

もりのなか
マリー・ホール・エッツ/文・絵
まさきるりこ/訳
福音館書店
1963年　945円（税込）

高田　修●たかだこども医院/宮城県宮城郡

263-00439

絵本のある風景……⑤

日本のアンデルセンを追って

時松　昭●時松小児科／埼玉県所沢市

梅雨の晴れ間、上杉鷹山で有名な米沢市を見物するつもりの一泊旅行でしたが、お隣の赤湯温泉に泊まったのが大きな誤算でした。翌日は素晴らしい日本晴れ、飯豊（いいで）連峰や朝日連峰に囲まれた広大な置賜（おきたま）平野をタクシーで高畠駅に向かう途中“まほろばの里”（山並みに囲まれ緑なす田園が広がる実り豊かな地）と呼ばれている高畠町を通っていますと、「浜田広介記念館」の看板が出ているではありませんか。急遽方向転換して、記念館を訪れることになりました。

浜田広介はみなさん良くご存知の『龍の目の涙』『椋鳥の夢』『泣いた赤鬼』など、文中にあふれんばかりの愛情と善意の塊のような絵本をたくさん書いた作家です。この記念館は、広い田んぼや畠に囲まれた環境の中に静かにたたずんでいます。館内には童話ルームや多目的ホール、移転された広介の生家などがあり、彼の作品を貫いている思いやりや温かい心を十分に感じさせられます。このような素晴らしい自然環境が、広介作品の源になっているのではないでしょうか。

ところで、見学しながら一つ気にかかったのは、方々に“日本のアンデルセン・浜田広介”と書かれていることです。ここで私の記憶は半世紀ばかり昔に遡り、私の故郷大分県の玖珠郡にも“日本のアンデルセン”と呼ばれている久留島武彦がいたことを思い出し、東京に帰ってさっそく上野公園にある「国際こども図書館」に出かけました。

この図書館は100年前に造られた日本で最初の国立図書館で、ヨーロッパに来たのかと一見錯覚しそうなルネッサンス様式の建物です。外観だけでなく学芸員の皆さんもたいへん親切で、“日本のアンデルセン”と呼ばれる人がほかにもおられるのではないかと一緒に調べてもらいました。その結果、有名な作家では巌谷小波、小川未明、浜田広介、それに久留島武彦の4人が該当することがわかりました。

巌谷小波は明治の半ばから膨大な数のおとぎ話を創作したり、外国の作品を紹介するかたわら、各地を旅行して口演活動をしました。

小川未明は明治の終わり頃に『赤い船』を出版し、これが日本で最初の童話集とされています。このお二人については、有名すぎるのでここでは省略いたします。

さて、久留島武彦ですが、地元の大分県以外ではあまり知られていないのではないでしょうか。明治7年に大分県の玖珠町に生まれ（森藩の末裔で維新後子爵）27年に「少年世界」に掲載された作品により巌谷小波に認められ、おとぎ話を発表し始めました。久留島の生涯はおとぎ話の創作はもちろんですが、全国をお話行脚して各地にお話会やおとぎ会を誕生させ、“おはなしの父”とも“日本のアンデルセン”とも称せられ、また多くの口演家を育て、どちらかというと口演童話を生涯の仕事にしました。最近よく目にするようになった「こども達への読み聞かせ」のはしりだったかもしれません。

つい先日この原稿を書いている最中、日経新聞の「文化」の欄に後藤惣一氏の「語り歩く童話家　謎の足跡」という記事に出会って、偶然とはいえびっくりしました。その中で後藤氏は久留島について「人と語ることの精神がいかに大切であるかを説き、話者の心のあり方を重視する語りを基本とした。メールの氾濫や人間関係の希薄化でコミュニケーションのあり方が問われるなか久留島の理念は現代においてこそ意義深い」と述べています。

“日本のアンデルセン”の一人、
浜田広介の記念館にて

アンデルセンの生地、デンマークのオーデンセにて

263-00439

大正の末期には日本にボーイスカウトの礎を作り、1924年デンマークでの第2回世界ジャンボリー大会に参加しアンデルセンの顕彰をデンマーク国民に訴え、記念館の設立に貢献しています。

ところで皆さん、日本童話祭をご存知でしょうか。戦後間もない1950年に、久留島武彦の童話行脚50周年を記念して、第１回日本童話祭が久留島生誕の地で開催されました。前日の雨の続きでどんよりした天気でしたが、私は「童話の国行き」の汽車に乗って会場に行き、童話碑の除幕式のあと久留島武彦ご自身の口演を聞くことができました。半世紀以上も前の出来事で、忘れ去られようとした記憶が高畠町での広介との出会いで、久留島まで思い出させてくれました。

高畠町もそうですが、久留島の生まれ育った玖珠町（旧森町）も、山々に囲まれ筑後川の上流が町を横切るまさに“まほろばの里”です。かつて妻子と訪れたアンデルセンの生まれ故郷、彼が少年期を過ごしたデンマークのオーデンセの街も、中世から続く石畳の道と背の低い家々が連なり、まさにおとぎ話の世界でした。

絵本や童話などいつまでも語り継がれる良い作品は、作家が育った素晴らしい環境に影響されるのでしょうね。上杉鷹山を下調べして出かけたはずの旅が、なぜか米沢を通過して、広介から武彦まで意外な方向へ発展したアンデルセンへの旅になってしまいました。

診察室の絵本

37　ドアがあいて…

エルンスト・ヤンドゥル/作　ノルマン・ユンゲ/絵　斉藤 洋/訳

ほるぷ出版　1999年　1,470円（税込）

ここは、おもちゃのお医者さん。暗い待合室では、壊れたおもちゃ達が不安な気持ちで診察の順番を待っています。

痛いのはイヤだよ！
診察の前は、不安でいっぱい

　診察室のイスに座って、いつも患者さんを待っている小児科医が、逆の立場になることもあります。たとえば歯医者さん。休診にしている水曜日の午後に予約をとって、僕は歯科医院の待合室で待っています。予約の時間になってもなかなか呼ばれません。中からは「キュイーン」という歯を削る音。とっても痛そうです。何だか急にドキドキしてきましたよ。そんな時、小児科の診察室に入ってくるこども達も、同じように不安な気持ちでいっぱいなんだろうな、ということに初めて気づくのでした。

　『ドアがあいて…』は、おもちゃの病院の待合室が舞台です。木のイスが5つ並んでいて、5人のおもちゃが診察を待っています。天井から小さな電灯が一つぶら下がっただけの暗く殺風景な待合室。固定カメラのように、絵の構図はまったく同じで変わりません。診察室のドアがあいて治療を終えた患者さんが一人出てくると、次のおもちゃが一人入って行きます。その繰り返し。このアングルからは診察室の中は見えません。

　とうとう「ぼく」の番がきました。帽子をとって診察室の中へ入ろうとする最後の場面で、初めて視点が動いて診察室の中のお医者さんの姿が描かれます。その優しそうな笑顔といったら！　僕も、こんなお医者さんになりたいな。

関連する絵本

ノンタン がんばるもん
キヨノサチコ/作・絵
偕成社
1998年　840円（税込）

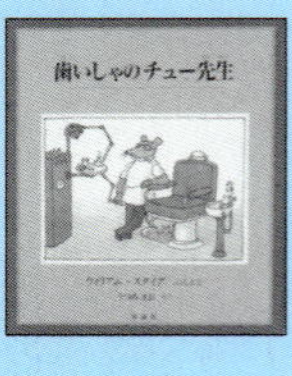

歯いしゃのチュー先生
ウィリアム・スタイグ/文・絵
うつみまお/訳
評論社
1991年　1,365円（税込）

北原文徳●北原こどもクリニック/長野県伊那市

263-00439

38　さるのせんせいと へびのかんごふさん

穂高順也/文　荒井良二/絵

ビリケン出版　1999年　1,680円（税込）

冷静なさるのお医者さんと献身的なへびの看護婦さんが手際よく病気の動物の治療をしていく、痛快なストーリーです。

隠し絵、隠しストーリーまで楽しもう！

絵本を勉強や情操教育にまで取り入れる方もいますが、これではこども達は絵本を楽しめないと思います。親子が楽しく、またある時は共感し合う、という方がかた苦しくなく、絵本と長くつき合うためには大切だと思います。親子が楽しめるという点で『さるのせんせいとへびのかんごふさん』をお勧めします。

「さる」のお医者さんと「へび」の看護婦さんという、現実ではありえない組み合わせも、絵本の中の世界では全く違和感がありません。続編の『へびのせんせいとさるのかんごふさん』では、なんと先生と看護婦さんが入れ代わってしまいます。人間を含めすべての動物、植物が同じ世界で「平等」の登場人物になれる、ということも絵本の素晴らしさです。さるの先生とへびの看護婦さんのあうんのチームワーク、立場が代わることでお互いの仕事の重要さを知るという話は、我々医療人にも問いかけているかのようです。

秀作の絵本では表紙、裏表紙も素晴らしいものですが、この絵本も同様です。絵本の表紙から裏表紙まで絵をくまなく見てみましょう。そうすると、頭が固くなってきたおとなにはちょっとわかりにくい隠しストーリー（ヒント：ハチ）もあって、単なるナンセンスストーリーではない、奥が深い絵本だとわかります。

隠し絵、隠しストーリーは『はじめてのおつかい』『バムとケロのそらのたび』などでも有名です。単に読み聞かせをしているだけだと、つい絵本の「絵」を楽しむという重要な要素を見逃してしまいます。隠し絵、隠しストーリーを親子で探して語り合うという楽しみ方は、きっと親子のコミュニケーションをより深めることでしょう。

関連する絵本

はじめてのおつかい
筒井頼子/作　林 明子/絵
福音館書店
1977年　840円（税込）

▲表紙から裏表紙、ストーリー、絵、すべてを楽しめる有名な絵本。

バムとケロのそらのたび
島田ゆか/作・絵
文渓堂
1995円　1,575円（税込）

▲バムケロシリーズの一つ、すべて並べて読むとなお楽しいです。

谷村　聡●たにむら小児科/山口県周南市

263-00439

39　ねえ、どれが　いい？

ジョン・バーニンガム/作　まつかわまゆみ/訳

評論社　1983年　1,365円（税込）

「もしもだよ、」から始まって、「それともさ、もしかしたらほんとうは、自分のベッドでねむりたい？」で終わるまで、「ねえ、どれが　いい？」と、えんえんと質問が続きます。選択肢は、「へびにまかれるのと、魚にのまれるのと、わにに食べられるのと、さいにつぶされるのとさ」と、いった具合です。

インフォームドコンセント？

インフォームドコンセントの本当の意味は、「手術などに際して、医師が病状や治療方針をわかりやすく説明して、患者の同意を得ること」です。こどもに予防接種を打つ時には、本来なら、予防接種の効果や副作用などを十分に説明して、お母さんに納得してもらってから注射するのが正しいのでしょう。

しかし、わいわいがやがやと忙しい小児科医院の予防接種外来では、お母さんのインフォームドコンセントをいただくより、こども達に注射の痛みをがまんしてもらうために説得することが急務です。

しくしく泣きじゃくるこどもを前に、「重い病気にかかって真っ暗なこわい病院に入院するのと、誕生日会のパーティーの日に一人で寝ているのと、予防接種を打ってない子はお断りのお菓子の国に入れてもらえないのと、泣かずに注射を打ったごほうびにおばあちゃんからプレゼントをもらえるのと、注射のあとの絆創膏を女の子にかっこいいとほめられるのと、どれがいい？」と、絵本と同じような質問をします。

「先生、そんなことより、早く、注射を済ませてくださいよ」。母親は忙しいのでしょう。

インフォームドコンセントは、医療の現場だけでなくて、子育てにも大切なことだと思います。親はこどもの未来に対して、「こんな生き方だってあるんだから」と、いろんな選択肢を示してあげることが必要だからです。絵本の中には、「さて、どうする？」と、たずねるストーリーが結構たくさんあります。絵本を読みながら、親子で人生の予行演習をしておくのも大事なことです。さて、僕も50歳も超えたし、これからの人生どれがいいかな？

関連する絵本

きたかぜとたいよう
―イソップ童話
バーナデット・ワッツ/作
もきかずこ/訳
西村書店
1993年　1,365円（税込）

▲北風のやり方では旅人のマントを脱がすことができなかったけれど、太陽の方法でやればいいんだ。

いつもちこくのおとこのこ
ジョン・バーニンガム/作
谷川俊太郎/訳
あかね書房
1988年　1,529円（税込）

佐々木邦明●佐々木こどもクリニック/名古屋市

263-00439

40　ないた

中川ひろたか/作　長 新太/絵

金の星社　2004年　1,365円（税込）

「ころんでないた。ぶつけてないた。」
「どうしてぼくはなくんだろう。いちにちいっかいないている。」

いっぱい泣いて大いばりで帰ろう！

「泣かないって言ったじゃない！」「男の子でしょ！」予防注射の時によくこんな声が聞こえます。こどもが痛くて泣くとどうして叱られるんだろう？　こどもの時に「泣きぐせ」がつくと大人になっても泣くのだろうか？　まさか、そんなことはありませんよね。痛いことをされたうえに叱られたんでは、まさにふんだりけったり。ますます注射はいやになります。

「泣く」ということには、とても大事な意味があるという気がします。泣くことで頑張る、泣くことで気持ちを切り替える……。いっぱい泣いてすっきりしたら「泣いて頑張ったよ」と大いばりで帰っていってほしいと思います。

泣く場面はたくさんの絵本に出てきますが、「泣く」ということそのものをテーマにした絵本はあまり見たことがありません。この絵本では、どのページでもこどもは泣いています。泣くっていうことはこどもが生きていることそのものなのかもしれない……。この絵本を読みながら、そんなことを考えたりします。

中川ひろたかさんは、元「保父」、そして伝説のスーパーグループ「トラや帽子店」の元リーダー。今では絵本作家としても有名ですが、『世界中の子どもたちが』や『みんなともだち』などの作曲者と言ったほうがわかる人もいるかもしれませんね。

関連する絵本

けんかのきもち
柴田愛子/作　伊藤秀男/絵
ポプラ社
2001年　1,260円（税込）

悲しい本
マイケル・ローゼン/作
クェンティン・ブレイク/絵
谷川俊太郎/訳
あかね書房
2004年　1,470円（税込）

和田　浩●健和会病院/長野県飯田市

263-00439

41 げんきなマドレーヌ

ルドウィッヒ・ベーメルマンス/作・画　瀬田貞二/訳

福音館書店　1972年　1,365円（税込）

パリの古いお屋敷に住んでいる１２人の女の子。マドレーヌは一番おちびさんで一番元気です。ある夜マドレーヌに異変が起こりました。盲腸炎になってしまったのです。

病気になるのもいいもんだ

皆さんはこどもの頃、病気になった時のことを覚えていますか？

熱があったりお腹が痛い時にはとてもつらくて、「早くなおらないかな」と思いますが、少し良くなってくるとなんだかいつもと違った気持ちになったものです。お母さんがいつもより優しくしてくれるし、ごはんも食べさせてくれたこともあったでしょう。もう少し病気でいたいな……という気持ちになった記憶があるのではないでしょうか。

『げんきなマドレーヌ』はそんなこどもの気持ちをよく描いてあります。ましてマドレーヌは盲腸炎になって手術を受けたのですから、入院して大事にしてもらってすこし得意な気持ちになったことでしょう。お見舞いに来たお友達は、お腹の手術の跡を見せてもらって、びっくりしたり、うらやましくなったり……。お屋敷に帰ったお友達全員が「もうちょうをきってちょうだいよー」と言う気持ちもよくわかります。

私達の診療所は院長が外科の患者さんを診ていますので、時々怪我をしたお子さんが来ます。治療が終わるまでは痛くて不安で泣いたりすることも多いのですが、最後に包帯を巻いて「かっこいいなー」というと大概のお子さんはにこにこして帰っていきます。

小児科でも擦りむいた傷やバンソウコウを貼ったところを得意そうに見せてくれるお子さんがいて、ほほ笑ましくなります。

『元気なマドレーヌ』の原著は、今から65年以上も前の1939年に出版されたものですが、いつの時代もこどもの心は変わらないのですね。

関連する絵本

あたしもびょうきになりたいな！
フランツ=ブランデンベルグ/作
アリキ=ブランデンベルグ/絵
ふくもとゆみこ/訳
偕成社　1983年　1,260円（税込）

▲弟のエドワードが病気になりました。皆に優しくしてもらっているのを見て、エリザベスはうらやましくて……。

いもうとのにゅういん
筒井頼子/作　林 明子/絵
福音館書店
1987年　840円（税込）

小野元子●おのクリニック/千葉県松戸市

263-00439

42　ぼくびょうき じゃないよ

角野栄子/作　垂石眞子/絵

福音館書店　1994年　840円（税込）

旅行や運動会が近づくとなぜか、熱を出すこどもがいます。ケンもそうでした。明日、釣りに行けなくなったらどうしようと心配して寝ていると、間違ってきたのかどうか、熊の先生がやってきました。

こんなお医者さんいたらいいな

歯医者さんが登場して口の中を見る絵本ってよくありますが、小児科のお医者さんは意外に少ないのです。『ぼくびょうきじゃないよ』は、その中で私のお気に入りです。

明日釣りに行く約束をした男の子が、のどが痛くなり熱と咳が出て、寝込んでしまいます。そこに熊の先生が間違って往診にきます。

“くましきうがい”と言って、「ゴロゴロ　ガラガラ　ガラッパチ。ガラゴロ　ガラゴロ　ゴロッパチ。クチュクチュ　ペッペのクマッパチ」。このフレーズが楽しく、こんなおもしろい先生になりたいものだと思ってしまいます。“くましきねつさまし”と“くましきねんね”も使って、男の子は治りました。

熊のお医者さんは大きくて頼もしく、病気のこどもにとっては頼りになりますが、どうも絵本の中の小児科の先生は簡単に往診してくれるので、実際には「車に乗っけて連れて来てくださいね」と言う私と大違いで困ってしまいます。

夜でも往診してくれるお医者さんは、『ねずみのおいしゃさま』にも出てきます。

「坊やが風邪で熱を出したのですぐ来てください。」

古きよき時代のお医者さまのイメージがよいですね。

関連する絵本

ねずみのおいしゃさま
中川正文／作　山脇百合子／絵
福音館書店
1977年　780円（税込）

わにさんどきっ はいしゃさんどきっ
五味太郎／作
偕成社
1984年　1,050円（税込）

荻田安時●おぎた小児科医院/新潟県柏崎市

263-00439

絵本のある風景……⑥

院内報と絵本

小野元子●おのクリニック／千葉県松戸市

皆さんは“院内報”という言葉をお聞きになったことがありますか？

院内報とは、病院や診療所で発行している新聞のようなものです。

私達の診療所では、1999年より「Ｋａｚｕｂｏｈ＠ｍａｉｌ」という誌名で、院内報を毎月1日に発行しています。診察前後の待合の間に気軽に読めるような分量（Ａ4判両面印刷）にしてあります。2004年11月で80号になりました。

お子さんの病気や予防接種に関することや育児上の相談など、診察室で良く質問されることをわかりやすく説明するようにしています。

そのほかに「今月の絵本」のコーナーを設けて、毎号１冊の絵本を紹介しています。私達のこども達が小さな頃お気に入りでよく読んだ絵本や、私が好きな絵本を選んで取り上げています。

エリック・カール氏の『はらぺこあおむし』、筒井頼子さんの『はじめてのおつかい』、なかえよしをさんの『ねずみくんのチョッキ』、ふくだとしおさんの『うしろにいるのだあれ』などはとても人気があります。

待合室の絵本をディスプレイタイプの本棚に並べて、お子さんの目につきやすいようにしています。診察の順番になっても「絵本を読んでいる途中だから……」と言ってなかなか診察室に入ってこない“おにいさん”や“おねえさん”もいます。いつもお気に入りの絵本を抱えて入ってくるお子さんもいます。私はその姿を見ると幸せな気持ちになります。

絵本の紹介を始めて２年ほどになりますが、残念ながらお母さん達からの反響はほとんどありません。「どうしてなんだろう……？」「お好みの絵本が少ないのだろうか？」などなど、あれこれ悩んで「今月の絵本」についてアンケートをすることを思いつきました。

主な質問事項は2つです。「今月の絵本の中でお好きな絵本はありますか？」「その絵本のどんなところがお好きですか？」

アンケートの回答を読んでほっとしました。私達の好きな絵本をお母さん達にも気に入っていただけたようです。

お母さん達のお答えの中からいくつかをご紹介しましょう。

①『うしろにいるのだあれ』ふくだとしお／作　新風舎

よく知っている動物が次々に出てきて親しみやすく楽しい（必ずこの本を持ってきます）…１歳女児

②『もこ もこもこ』谷川俊太郎／作　元永定正／絵　文研出版

おとなにはよくわからないけれど、1ページ読むたびにこども達が大笑いします…4歳男児、１歳女児

③『はらぺこあおむし』エリック・カール／作　偕成社

遊びながら読み進んでいけるところが好きです…１歳女児

今回アンケートを行ってみて初めてお子さん達やお母さん達の絵本とのかかわりを知ることができました。お子さんもお母さんも絵本が大好きで、待合室でもおうちでもたくさん読んでいらっしゃったのです。

また、お母さん達から「おのクリニックで読んだ絵本がとても気に入って、同じ本をよく買います」「家ではなかなかゆっくり読んであげられないけれど、待合室だと親のほうも安心して読み聞かせができます」「ここで絵本を読み始めたのがきっかけで、絵本専門店から定期購読をするようになりました」というお話を聞くことができました。本当に嬉しくなってしまいます。

私達がこちらから働きかけることで、お子さん達やお母さん達が絵本に親しんでいる姿を垣間見ることができたと思います。

これからもお子さん達やお母さん達と一緒に絵本を楽しんでいきたいと思っています。

待合室の様子。ディスプレイタイプの本棚に並べた絵本

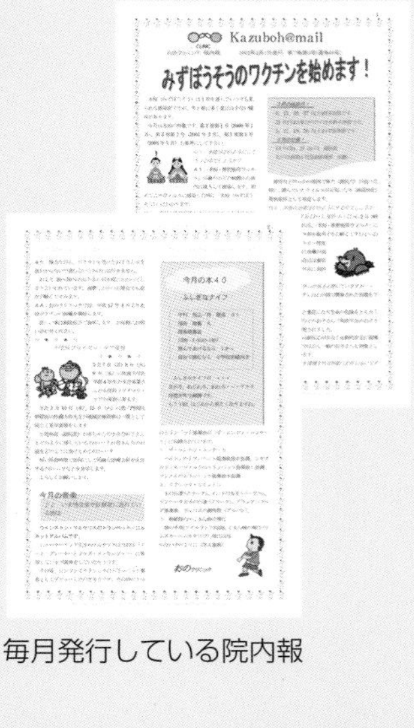

毎月発行している院内報

保育園・幼稚園に通い出したら

43　わにわにのおふろ

小風さち/作　山口マオ/絵

福音館書店　2004年　780円（税込）

月刊絵本「こどものとも」年少版でこども達に大人気となり、
2004年10月に単行本として登場しました。

わにわにワールドにひたろう

妙にリアルなワニのお話です。少し古びた一軒家に住んでいるワニが、お風呂の準備をして入浴するだけのお話ですが、こどもと一緒にドキドキしながら、最後は大爆笑で読み終えました。

表紙には、お風呂につかりホッとした表情でこちらを向いているワニが描かれています。これが主役のわにわにです。最初のページ、四つん這いでお風呂場に入ってくるわにわにの登場シーンから、その世界にずりずりと引き込まれ、読み終える頃には、すっかりわにわにのファンになってしまうことでしょう。

リアルでグロテスクなワニが、蛇口をひねってお湯を入れ、おもちゃやセッケンのあぶくで遊び、歌まで歌ってしまいます。「きゅるり　きゅるり　きゅるり」「ぽくん　ぽくん　ぷくん」といったかわいい擬音も楽しいです。わにわにの行動は幼稚園児そのままですが、リアルな爬虫類の仕草が随所でみられ、そのギャップがたまりません。

そして最後はワニらしくダイナミックに体を拭いてお風呂場から出ていきますが、我が家ではこの場面が一番人気で、最初に読んだ時は、こどもは飛び上がって喜んでしまいました。3歳の娘はそれからしばらくの間、わにわにをまねて、お風呂から出ると「ぐにっ　ぐにっ　ぐなっ　ぐなっ」と体を拭いていました。頭や体を洗うのが嫌いな娘は、遊んでばかりで体を洗わずに出ていくわにわにが、ちょっぴりうらやましいみたいです。

お風呂が大好きなお子さんや、大嫌いなお子さんにも、お勧めします。親子で読んで、わにわにワールドにひたってください。

関連する絵本

わにわにのごちそう
「こどものとも」
年少版2002年9月号
小風さち/作　山口マオ/絵
福音館書店
現在絶版

▲わにわにシリーズ第二弾、迫力満点にごちそうを食べます。

わにわにのおでかけ
「こどものとも」
年少版2004年9月号
小風さち/作　山口マオ/絵
福音館書店
2004年　380円（税込）

▲わにわにが、今度は夏祭りに出かけ縁日や花火を楽しみます。

中川礼子●古川病院小児科/徳島市

263-00439

44　ぐりとぐら

中川李枝子/文　大村百合子/絵

福音館書店　1967年　780円（税込）

ぐりとぐらは森の中で大きなたまごを発見して、フライパンで大きなカステラを焼くことにします。ふんわり出来上がった黄色いカステラの匂いに誘われて、森中の仲間が集まってきました。絵本を読んでいる私達のところにもおいしい香りがしてきます。

世代を超えて読まれる絵本

こんな親子の会話が待合室からよく聞こえてきます。

「『ぐりとぐら』読んでよ。」「懐かしいわね、お母さんもこどもの頃、この絵本をよく読んでもらったのよ。」

僕達５０歳代の仲間に聞いてみると、絵本を親に読んでもらった記憶のある人は多くありません。ところが、今、子育てに一生懸命の母親達の中には、自分の親に絵本を読み聞かせてもらった人が結構いるようです。

「どんな絵本を読んでもらっていたのですか？」とたずねると、ほとんどのお母さん方が『ぐりとぐら』と答えます。1967年に発刊された本ですから、40年近くも経っているわけです。親がこどもに絵本を読み聞かせることが根づき始めた時期なのでしょう。たくさんの絵本をこどもの頃に読み聞かせてもらって育つと、お父さんや、お母さんになった時に、自然と自分のこどもにも絵本を読み聞かせてあげるのでしょうね。

小さな頃に絵本に触れたことがなくても、１冊の素敵な絵本に出会ってその魅力にとらわれることもあります。絵本の素晴らしさに出会うのに遅すぎることはないようです。実際、この本（『小児科医が見つけた　えほん　エホン　絵本』）を作るために集まった小児科医のほとんどが、絵本に魅入られたのはつい最近のことだからです。若い小児科医は自分のこどもに、こどもが巣立った小児科医は孫や近所の保育園のこども達に絵本を読み聞かせてあげたくなります。

待合室に素敵な絵本を並べておくのは、今まであまり絵本を読んだことのない親子に、絵本の素晴らしさに気づいてもらって、おうちで絵本を読む習慣が始まればいいなぁと期待しているからです。

関連する絵本

ぐりとぐらのおきゃくさま

中川李枝子/文　山脇百合子/絵

福音館書店

1967年　780円（税込）

▲今度は、ぐりとぐらが森の中で雪遊びです。この絵本もおいしい香りでいっぱいです。

ぐりとぐらのかいすいよく

中川李枝子/文　山脇百合子/絵

福音館書店

1977年　840円（税込）

▲ぐりとぐらがかわいらしい水着を着て、海の中をゆらゆら。こども達と海水浴に出かけたくなります。

佐々木邦明●佐々木こどもクリニック/名古屋市

45　14ひきのおつきみ

いわむらかずお/作　童心社　1988年　1,260円（税込）

森に住む14ひきのねずみの一家。木の上高く高く上がって行き、満月が上がるのを待ちます。月明かりの中で祈り、おだんごを食べ、笛の音に耳を傾ける14ひき。

月に祈るねずみたち

この本をはじめて見たときのぼくの第一印象は「漫画チックだな」というものでした。その後しばらくは、手にとることもしませんでした。

機会があって、この本を再び開いたとき、強い衝撃を受けました。木の上のほうへぐんぐん上がっていく感じ。高所恐怖症のぼくは、なんだかお腹のあたりが頼りない感じまでしてきました。だんだん陽が傾いていく感じもなんともいえません。満月が出てくるときの荘厳さも。

「おつきさん　ありがとう、たくさんの　みのりを　ありがとう、やさしい　ひかりを　ありがとう」という言葉に込められているのは、自然との共存を忘れた人間への厳しい叱咤激励でもあるのでしょう。シリーズのほかの作品にも共通しますが、ねずみたちが家族で過ごすゆったりした時間の流れも素敵です。

この絵本のシリーズでは、いつも14ひきのねずみがそれぞれの個性を出して大活躍します。ねずみの両親はつねにこどもたちをあたたかく見守っています。

主人公が大勢であるのがこの絵本のユニークなところで、保育園や幼稚園に通い始めたこどもたちも自分に似たねずみをきっと見つけることでしょう。

関連する絵本

14ひきのさむいふゆ
いわむらかずお/作
童心社
1985年　1,260円（税込）

▲14ひきシリーズからもう１冊。部屋の中で過ごす暖かさと、吹雪がはれて外へ出たときの冷たい空気のさわやかさ。

ねずみの　いもほり
山下明生/作
いわむらかずお/絵
ひさかたチャイルド
1984年　840円（税込）

和田　浩●健和会病院/長野県飯田市

263-00439

46 ノンタン ぶらんこのせて

キヨノサチコ/作・絵　偕成社　1976年　630円（税込）

ノンタンには、たくさんのお友達がいます。くまさん、ぶたさん、うさぎさん、たぬきさんなど。みんなで、ぶらんこ遊びをすることになりました。ノンタンは、たくさん乗りたいのですが、それはみんなも同じ。さて、どうなることやら。

ノンタンはこどもの仲間

ノンタンがぶらんこに乗っていると、うさぎさん、くまさん、たぬきさんたちが、「ぶらんこにのせて。」とやってきます。いつもの遊び仲間です。いろんな理由をつけてぶらんこをかわってくれないノンタンに、「のせてよ。」「じゅんばんだよ。」「かわってくれないと、もうあそんであげない。」などと腹をたてました。そこで、「10までかぞえたら、こうたいするから。」ということになりました。

「1、2、3、……」あれ？　なかなか10にならない。それもそのはず。ノンタンは10まで数えられなかったのです。でも、誰もノンタンを責めることはありません。みんなで数えることになりました。そして、仲良く、ぶらんこ遊びができるようになりました。

このお話を読んでいると、「あ、○○ちゃんみたい！」、「××くんとおんなじだ！」などという声がしました。そう、この絵本の中のたぬきさん、くまさんも、うさぎさんも、こども達の身近にいる友達なのです。ノンタンのぶらんこに乗りたいという衝動を、みんなが乗れるように、こども社会の中でルールを作り、それを守って、仲良く遊ぶようになる。このようなことを繰り返しながら、こども達は成長してゆきます。社会人になるための基盤を作る時期です。児童心理学者エリクソンの提唱する幼児期に獲得する「自律性」だと思います。

このようなちょっとした出来事をたくさん題材にした話が、ノンタンシリーズです。その中の一つが、この『ぶらんこのせて』です。

関連する絵本

ノンタン いもうといいな
キヨノサチコ/作・絵
偕成社
2001年　735円（税込）

ノンタン がんばるもん
キヨノサチコ/作・絵
偕成社
1998年　840円（税込）

松田幸久●まつだこどもクリニック/鹿児島県鹿屋市

47　おでかけのまえに

筒井頼子/作　林 明子/絵

福音館書店　1981年　780円（税込）

良く晴れた日曜日！　今日は楽しみにしていたピクニックの日です。あやこはおでかけの準備をしているお母さんやお父さんのお手伝いをしようとはりきっているのですが……。

絵本の中の絵と出会う

私達の診療所の受付に林 明子さんの絵が掛けてあります。「いもうと」という絵でお姉ちゃんが妹をおんぶしているところを描いています。まだ４～５歳の小さなお姉ちゃんが一所懸命妹をおんぶしており、背中の妹の安心しきっている様子がよく伝わってきます。

林 明子さんが描いた小さな女の子の絵は、本当にこどもらしく愛らしくて大好きです。走る姿や顔の表情が実にいきいきとしていて、さらに髪の毛のゆれる様子やスカートのはねているところなど、隅々にこどもの心が表れているようです。

『おでかけのまえに』の絵も林 明子さんが描いています。

ピクニックの日の朝、せっかくお母さんが作ってくれお弁当をぐじゃぐじゃにつめて得意そうな顔、お父さんの用意した鞄をパンクさせてびっくりした顔……。どのページの絵もこどもを素直な暖かいまなざしで描いています。

私の長女もいろいろなことを一所懸命しようとするのですが、なぜか失敗してしまう子でした。この絵本のあやこの姿と重なるところが多かったように思います。

私達が絵本についてのアンケートを行った時、「『おでかけのまえに』が好き」というお母さんがいらっしゃいました。好きな理由は「自分のこどもも同じようなことをしそうだから」というものでした。やっぱりあやこのようなこどもはたくさんいるんだな、と安心しました。もっとも私はこの絵本のお母さんやお父さんのようにこどもをゆったりと包んであげられず、叱ってばかりいたような気がします。あやこのお母さん、お父さんはえらい！

関連する絵本

あさえとちいさいいもうと
筒井頼子/作　林 明子/絵
福音館書店
1982年　840円（税込）

▲あさえはお母さんから妹の世話を頼まれましたが、　ちょっと目を離した隙に姿が見えなくなって……さあ大変！

おいていかないで
筒井頼子/作　林 明子/絵
福音館書店
1988年　780円（税込）

小野元子●おのクリニック/千葉県松戸市

48 はじめてのおつかい

筒井頼子/作　林 明子/絵

福音館書店　1977年　840円（税込）

５つの女の子の初めてのお使いは、ドキドキがいっぱい。お店でも「ぎゅうにゅう　くださあい！」と叫びますが、お店のおばさんに気づいてもらえません。はたして、お使いはできたかな？

懐かしくて、ほほ笑ましい“おつかい”

本を開くと、昔懐かしい家の中の風景が目に飛び込んできました。こどもさんのいる家庭ならどこでも見られるような、食事の準備中の台所、食事の後がそのままになったテーブル、掃除をしてもあとからあとからこどもがおもちゃや絵本を散らかしてしまう部屋など。

お母さんが、女の子にお使いを頼みました。女の子は「一人でいけるもん！」と言って出かけたものの、緊張している姿が、ぎこちない歩き方（同じ側の手足が前に出ている）でわかります。自転車が自分の目の前を通り過ぎる時の、目の高さは、本当にこどもの視線に立ったものです。坂道の上がめざすお店屋さん。女の子は急いで走ります。思わず「転ばないで！」と言いたくなるほど、この主人公の緊張が手にとるようにわかります。案の定、女の子は転んでしまいました。

お店に着くと、必死で「ごめんください」と叫ぶ女の子。なかなかお店のおばさんが出てこない。こわい（？）おじさんの「たばこ！」の声や、近所のおばさんの声にはすぐ反応。でも、やっとやっと、本当にやっと気づいてくれた！　読み手のほうも、ほっとしてくるシーンです。

帰りは、おつりを忘れて走り出す女の子を追いかける店屋のおばさん。まるで、タイムマシンに乗って、自分のこどもの頃に戻ったような絵本でした。

また、この絵本を何度も読むと、絵の描き手のほほ笑ましい“いたずら”に気づきます。皆さんも、絵本を手にして見つけられてはいかがですか。

関連する絵本

はじめてのキャンプ
林 明子/作・絵
福音館書店
1984年　1,260円（税込）

とん ことり
筒井頼子/文
林 明子/絵
福音館書店
1989年　840円（税込）

松田幸久●まつだこどもクリニック/鹿児島県鹿屋市

263-00439

49 ことばのべんきょう くまちゃんのいちねん

かこさとし/文・絵　福音館書店　1971年　540円（税込）

1月から12月までの季節ごとの行事、お正月から始まって、節分、ひなまつり、こどものひ、七夕、お月見、秋祭り、運動会、クリスマス、おおみそかと続きます。今では、あまりお目にかかれないものがあり、懐かしい日本の風習を思い出します。

20年間捨てられなかった絵本

このたび開業するにあたって、「待合室はどうしよう？　居心地のよい空間とは？　でもあまり待たせてはいけないし……」といろいろ思いをめぐらすうちに、絵本図書館風な空間に昔から憧れていたことを思い出しました。予算はないけど、これだ！　これしかないと……。

さて、絵本を選ぶ時になって、長い間気になっていた絵本が１冊ありました。表も裏も表紙がちぎれて、本の名前も作者も出版社もわからなくなった小さい絵本でした。20年くらい前に長男が幼い時に買ったもので、毎晩、添い寝の本読みタイムのお気に入りでした。文章がないので、２人で話を作っていくのがおもしろくて、時には１時間以上も楽しみました。次々と４人のこどもが使っていくうちに本当にボロボロになってしまいました。

こどもも成長し、絵本も古いものは処分したのですが、どうしてもこれだけは捨てきれずにいました。絵本専門店に伺った折に、少し（いや、かなり）恥ずかしかったのですが、この本を持って行き、「あのう、すみませんが、この絵本が何かわかりますか？」とボロボロの本を差し出しました。一笑に付されるかなと不安でしたが、丁寧にコピーをとられ、「時間がかかるかもしれないけど、きっと探します」と力強いお言葉で、安心して帰れました。

後日、『ことばのべんきょう　くまちゃんのいちねん』という本だとわかり、うれしいことに今も出版されているということでした。さらにびっくりしたのは、シリーズもので『くまちゃんのいちにち』『くまちゃんのごあいさつ』『くまちゃんのかいもの』とセットになっていました。

開院したばかりで、どのように絵本とこども達とかかわっていくかは、まだわかりませんが、丸テーブルに開いた絵本や、本棚の絵本が思い思いに並べてあるのを見るとうれしくなってきます。

関連する絵本

ことばのべんきょう
くまちゃんのいちにち
かこさとし/文・絵
福音館書店
1970年　540円（税込）

ことばのべんきょう
くまちゃんのごあいさつ
かこさとし/文・絵
福音館書店
1972年　540円（税込）

川上初美●かわかみ整形外科小児科クリニック/山口県宇部市

263-00439

50　コッコさんのかかし

片山 健/作　福音館書店　1996年　1,155円（税込）

コッコさんがお父さん、お兄ちゃんと一緒に作ったかかしを近所の畑にたててもらい、それから時々かかしを見に行きます。春から秋までのコッコさんとかかしのお話です。

四季の移り変わりの中のこどもたち

コッコさんのシリーズは、どれも素敵ですが、ぼくはこれが一番好きです。ほかの作品はすべて水彩で描かれているのに、この本だけが油彩で、絵に強いインパクトがあります。

同じ畑が何回も描かれています。時代は今より少し前なのでしょう。たぶん都市近郊の、住宅地と古くからの田畑とが入り混じったような地域なのだと思います。広大な山や森があるわけではない、どこにでもあるような畑。

畑の絵がとてもいい。暖かい湿気がじわっと漂って、堆肥の混じった懐かしい土の匂いもしてきます。そして時刻や季節の変化によって、色合いがさまざまに変わります。畑のまわりの空や虫や野菜などの中に実に豊かな世界があることを感じさせてくれます。その中にいるこどもたちの、なんと生き生きとしていることか。こんな体験を多くのこどもたちにしてもらいたいものです。

コッコさんのシリーズは、たぶん作者が自分のこどものために作った絵本なのでしょう。作品によって、コッコさんの年齢が少しずつ違うように思います。

関連する絵本

おやすみなさい
コッコさん
片山 健/作
福音館書店
1988年　780円（税込）

▲おふとんの中に入ってもねむくないコッコさん。おつきさまが「もう　そらの　くもも　ねむったよ」と言いますが、「コッコは　ねむらない　もん」と言いはります。

コッコさんのおみせ
片山 健/作
福音館書店
1995年　780円（税込）

和田　浩●健和会病院/長野県飯田市

263-00439

51　くんちゃんの はじめてのがっこう

ドロシー・マリノ/作　まさきるりこ/訳

ペンギン社　1982年　998円（税込）

こぐまのくんちゃんが１年生になって初めて学校へ行きます。

学校や先生が好きになれたらいいね

こぐまのくんちゃんの成長を追ったシリーズの１冊です。茶色と黒の２色で表現され、柔らかな雰囲気の絵柄です。

お話は見返しから始まります。くんちゃんがベッドから飛び起きると、お父さんとお母さんがかばんを出してくれています。くんちゃんは朝ごはんの間もかばんを手から離しません。お母さんに手を引かれて学校へ向かう途中で出会うみつばちやこうもり、ビーバーに向かって「ぼく、がっこうへいくんだよ」と報告します。

教室では、上級生と一緒に勉強します。みんな教科書を読んだり、字を書いたり、計算をしたりしています。くんちゃんはどれもできません。くんちゃんは、とうとう教室から逃げ出してしまいます。でも、先生はまったく動じません。無理やりくんちゃんを連れ戻したりもしません。ベテランの貫禄という雰囲気ですね。くんちゃんが窓からのぞいているのにも、知らぬふりで、新１年生のハリエットやスージーに質問します。くんちゃんにも答えられるレベルの質問です。くんちゃんはこらえきれずに、窓から答えを叫びます。すると先生はにっこり笑ってくんちゃんを迎え入れるのでした。楽しそうに学校初日の報告をするくんちゃんの話を、家で家事の手を止めて聞くお父さんとお母さんの姿もほほ笑ましいです。

こどもの気持ちの揺らぎを、どんと構えて受け止めることのできる安定したおとな達。おとな達だけではありませんね。くんちゃんが教室の外へ飛び出そうが、窓から叫ぼうが、別に騒ぎ立てることもなく受け止めるこども達。そんな、安定した共同体がこどもを育んでゆくんだなと、しみじみ思えるお話です。

関連する絵本

くんちゃんはおおいそがし
ドロシー・マリノ/作
まさきるりこ/訳
ペンギン社
1983年　998円（税込）

くんちゃんのだいりょこう
ドロシー・マリノ/文・絵
石井桃子/訳
岩波書店
1986年　1,050円（税込）

多田香苗●明和病院/兵庫県西宮市

263-00439

保育園と絵本

時松　昭●時松小児科／埼玉県所沢市

今から30年前に自分のこどもを預ける場所がなくて、仲間3人と相談して無認可保育園を造りました。無認可だから何でもできました。一時保育、病児・病後児保育、延長保育等々まさにエンゼルプランそのものでした。それ以来、こども達と私の絵本のつき合いが始まり、毎月の健診日には自宅や園の絵本での読み聞かせ、最近では暇な時間を見つけてはせっせと園へ通っています。

読み聞かせは保育士の仕事としてはもちろんのこと、私のほかに素晴らしいボランティアの方も協力してくれ、回を重ねれば重ねるほどこども達の本への関心が高まってきます。私が健診で保育室に入っていくと、園児がそれぞれ自分の好きな絵本を持ってきて、読んでくれとせがまれることもしばしばです。聴診器を見ただけで泣いて逃げていたこどもとも、いつの間にか仲良くなります。

こどもは正直なもので、特に低年齢児はこちらがちょっと本の選定を誤って読み始めると、遠慮会釈なしに立ち去って行きます。0歳児の後半では、月齢が1カ月違うと絵本に対する興味が変わってきます。それだけ脳の発達が活発なのでしょう。

読む時のスタイルもさまざまです。園児が4～5人の時は、床にあぐらをかいて座りますと、私の膝の特等席のとりあいこが始まります。まだ読み終わってもいないのに、勝手にページをめくります。反対に同じページを何度も読ませ、そして同じ場所に来ると必ず笑います。何十回でも笑います。私が絵本の柿を食べる真似をすると、皆でパクパク食べ始めます。おいしかったね、もうお腹いっぱいだね、ごちそうさま、で終わりにします。そうして1ページに10分以上時間がかかり、尻切れトンボでハイオワリ、となることもしょっちゅうです。

10人以上になると、皆が見えるようにこどもの椅子に座って読みます。本を膝に置くと字が見えませんので、こちらも予習をしてある程度文の暗記をしなければなりません。その点、紙芝居のほうが便利ですね。本に書いてない行間を伝えることも必要です。「さーさーこれからどうなるのかな、デデンデンデン」と合間に太鼓も登場させて、こども達の気を引きます。本を伏せておさらいをしたり、これから先主人公はどうなるのか皆で考えてもらうのも楽しいですね。脇道にそれると結構集中してくれますし、お話が盛り上がってきます。犬が主人公の話の途中に、「犬がいる子は手を上げて」とか「健ちゃんは犬と何をして遊ぶのかなー」

と聞いただけで、全員の目がいっせいに輝いてきます。

こどもがもっと多くなって20人以上になりますと、本をデジカメで撮ってスクリーンで見せます。しかし、なるべく少人数への読み聞かせのほうがこども達も熱中するし、逆にこちらからこども達の反応を見るのにはちょうど良い感じですね。

1999年にアメリカの小児科学会が「2歳以下の乳幼児にはテレビを見せない」という勧告を出して以来、こどもとメディアの関係が取りざたされてきました。昨年は日本でも、少しトーンは下がっていますが、小児科医会から提言がありました。テレビやビデオでは話が一方通行になってしまい、お互いの会話がありません。寿司屋さんでも回転寿司屋では誰もしゃべってくれません。衣も食もすべてインターネットで手に入り便利ですが、そこには全く会話がありません。

こども達も長時間メディア漬けになるのではなく、本を介してじっくり考える時間を持ち、会話を通じて自分の意見を出し、相手の話もよく聞ける人に育ってほしいと思います。

読み方のスタイルはさまざま。工夫ひとつで、こども達の目が輝き、お話が盛り上がる

263-00439

ともだちいっぱい

52 ね、ぼくのともだちになって！

エリック・カール/作

借成社　1991年　1,260円（税込）

ちいさなねずみさんが、「ね、ぼくのともだちになって！」って、大きな動物達に、話しかけるお話です。しっぽをたどっていくと、こども達の大好きな動物達が色鮮やかに登場します。

私の鞄に潜んでいる絵本

色のマジシャン、カールさんに出会ったのは、美術館めぐりをしては、画家の魂との対話を楽しんでいた時でした。画家の魂が潜む曖昧という部分の色彩をすくってあおむし絵本にしたカールさんの秘密を知り、唖然としました。世界中のこどもの心を虜にする理由がわかりました。珠玉の光あふれる玉手箱から飛び出した大好きな動物達が、話しかけてきたら、マジックにかかったように、見つめ合い、追いかけて、飛び跳ねるに決まってます。

ホラ、大きなおーきなぞうさんでしょ。お口のでっかいワニさんでしょ。ガオー！　百獣の王ライオンさまだー。カッコいい！　きりんさん、首ながーいね。さすが、豪華で派手な孔雀さん、触っていい？　ホップ・ステップ・ジャンプ！

居ながらに、動物園めぐりでしょ。こども達の目は輝いてる。カールさんがご自身でいちばん好きな絵本らしい。

ともだちって、誰？　しっぽから、想像させるテクニックは、こころ憎い。こども達の、探究心をくすぐる。ワニさんの背中に乗ってる赤い小鳥さんの小さなしっぽが、なんとまあかわいいこと。伏線として描かれていたへびさんも、みーんなともだち！　やっと、ねずみのお友達に、めぐりあえた、小さなぼくが、幸せ色に包まれてる！　木のほこらのそばには、トレードマークのあおむしさんが、にっこり！

小さなボードブック版を鞄に潜ませてお外に出たら、小さいこどもさんと友達になれること、絶対請け合います。

関連する絵本

この他にも、まだまだたくさんのシリーズがあるよ。

だんまりこおろぎ
—虫の音がきこえる本
エリック・カール/作
くどうなおこ/訳
借成社
1990年　2,520円（税込）

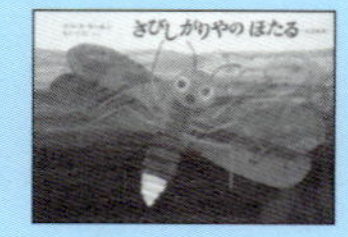

さびしがりやのほたる—光る絵本
エリック・カール/作
もりひさし/訳
借成社
1996年　3,150円（税込）

杉山和子●杉山内科小児科医院/山口県防府市

263-00439

53　おさるはおさる

いとうひろし/作・絵　講談社　1991年　1,155円（税込）

いとうひろしの「おさる」シリーズの１冊。
ほかにも『おさるのまいにち』『おさるがおよぐ』『おさるになるひ』『おさるのはまべ』『おさるのおうさま』『おさるのもり』『おさるのやま』がある。シンプルだけれど人生の不思議を問いかける哲学的な絵本たち。

みんなと違っていたって……

　大好きな作品については、たくさん話したい気持ちがある一方で、「これ読んでみて」とただ黙って手渡したいと思うこともあります。この本はそんな一つです。

「ぼくはおさるです/みなみのしまにすんでいます」と始まります。おさるの仲間はみんなよく似ていて「まるでたくさんのぼくが/そこらじゅうにいるみたいです」。ところが、ある日、かにが「ぼく」の耳をはさんで離さなくなってしまいます。「かにをみみにつけたおさる、なんてぼくだけです/ぼくは、じぶんだけ、かにみみざるになったようなきがしました」

　こうして「ぼく」はとてもひとりぼっちな気分になるのですが、そこへおじいちゃんがやって来て、自分がこどものころに強情なタコがしっぽに吸いついてしまい「じぶんがたこしっぽざるになったとおもった」という話をしてくれます。

「みんなと同じでないといけないんじゃないか」という気持ちが、多くのこどもたち、おとなたちを不安な思いにさせています。そういう多くの人たちに、この本は「違ってたっていいよ」「あなたはあなたで大丈夫だよ」というメッセージを送っているような気がします。

　ぼくも時々自分が「かにみみ小児科医」なのかなあという気分になると、誰もいない待合室で本棚に置いたこの本を読んで「そうだよね」とうなずいたりします。

関連する絵本

ごきげんなすてご
いとうひろし/作
徳間書店
1995年　1,365円（税込）

ルラルさんのにわ
いとうひろし/作
ポプラ社
2001年　1,260円（税込）

和田　浩●健和会病院/長野県飯田市

54　ゆうたはともだち

きたやまようこ/作　あかね書房　1988年　714円（税込）

シベリアンハスキーのこいぬ“じんぺい”と飼い主のこども“ゆうた”の日常を描いた「ゆうたくんちのいばりいぬ」シリーズのお話です。１冊目の『ゆうたはともだち』は、いぬとにんげんの違いをほほ笑ましく描き表しています。

違うからともだち

作者のきたやまようこさんは、はじめから犬が好きだったわけではなく、“じんぺい”のモデルになった愛犬“チェス”に出会ってから、大の犬好きになったとのことです。犬好きというより犬の良き理解者、犬の心がわかる人間（もしかすると犬より犬らしい人間？）と言ったほうが良いかもしれません。

きたやまさんは“チェス”を育てるために１年間執筆活動をお休みし、その経験をもとにして「ゆうたくんちのいばりいぬ」シリーズを書きました。

“じんぺい”はいつもおこったような顔をしています。こいぬなのにいばっていて、自分のことは「おれ」、“ゆうた”のことは「おまえ」と呼びます。ふたりはいつも一緒です。

「おれ　　いぬ」

「おまえ　にんげん」

から始まって、ふたりの違いがわかりやすく、ほほ笑ましく書かれています。

「おまえ　ほんが　すき」

「おれ　　ほねが　すき」

など思わず笑ってしまうところがたくさんあります。

ふたりはぜんぜん違いますが、「ちがうけどともだち」ではなく、「ちがうからともだち」という大切なメッセージが心に響きます。

「ゆうたくんちのいばりいぬ」シリーズは全部で９冊ありますが、どの本からも心暖まるメッセージが伝わってきます。

関連する絵本

じんぺいの絵日記
きたやまようこ/作
あかね書房
各1,020円（税込）

▲じんぺいが家族や友達のことを絵日記に書いています。見てもいいけどひみつだぞ。

りっぱな犬になる方法
きたやまようこ/作
理論社
1992年　1,050円（税込）

▲絵本ではありませんが、犬のことを楽しく知るには最適な本です。

小野元子●おのクリニック/千葉県松戸市

263-00439

55　となりのせきのますだくん

武田美穂/作・絵　ポプラ社　1991年　1,260円（税込）

漫画ばっかり読んできたこどもたちが、絵本好きになるきっかけになるかもしれません。

学校に行きたくない日

みほちゃんは、朝起きた時から浮かない顔をしています。「あたまがいたくなればいいのに。おなかがいたくなればいいのに」。学校に行く足取りは重く、「やだな　やだな」。

「わかる！　そうなんだよね」と、ぼくはいっきにみほちゃんの気持ちになってしまいます。ぼくも給食が食べられなかった……。ぼくも体育が苦手だった……。ぼく自身、大学で不登校になっていた時期がありました。

小児科医になった理由の一つには、「不登校になってしまうこども達の味方になろう」と思ったことがあります。学校に行きたくない日には、無理に行かせるよりも、行きたくない理由を聞いてあげるのが、おとなの役割だと思います。

さて、みほちゃんからは怪獣のように見えるますだくんですが、彼には彼の言い分があります。それが続編『ますだくんの１年生日記』『ますだくんのランドセル』などで描かれます。単純にいじめる子、いじめられる子ではなく、ぶつかり合いながら成長していく姿が素敵です。

関連する絵本

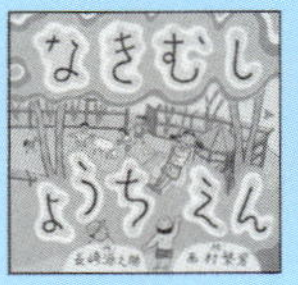

なきむしようちえん
長崎源之助/作　西村繁男/絵
童心社
1983年　1,575円（税込）

▲幼稚園の入園式。一人だけ泣いているみゆきちゃん。でもいろんな経験をして１年後にはしっかりお姉さんになっています。

ナイトシミー
アンソニー・ブラウン/絵
グエン・ストラウス/文
灰島かり/訳
平凡社
2002年　1,575円（税込）

和田　浩●健和会病院/長野県飯田市

263-00439

56　こんにちは あかぎつね！

エリック・カール/作　さのようこ/訳

偕成社　1999年　1,470円（税込）

表紙の絵は「“みどりぎつね”なのに、どうして“あかぎつね”なの？」と、手に取ってみたくなる本です。

こどもの心が見えなくなったら、開きましょう！

小さなかえるのおたんじょうパーティーに、あかぎつねと、紫色のちょうちょうと、オレンジのねこと緑のへびと、黄色いとりと、青いさかなと、それから黒いぶちのある白いいぬをよびました。しかし、お母さんがえるの見たともだちは？

色鮮やかな動物達が、補色の原理で描かれ、魅了されます。補色は、ドイツの偉大な詩人ゲーテが見つけた色彩論だったなんて、知ってましたか？

こどもの目には見えても、おとなの目には見えない“E.T.”の世界です。おとなには見えない、蹴散らして、倒しても気がつかない“E.T.”と一緒。

目を凝らして見ていると、こどもの心が見えます。言ってることは、真反対の心。

この本は、いじめが起きている幼稚園の講演に使いました。親どうしが仲良くなれば解決できるだろうと、こちらから頼んで講演しました。

「おたんじょうびおめでとう、ちいさいかえる！！」最後のページの、あったかいこと！

た～くさんの動物達が、飛び跳ねて、笑って、話しかけるよ！　寒い雪の日でも、心があったか～くなってきませんか？　ケーキもないのに、お腹いっぱい！

本当の心がわかるなんて、こんなに素晴らしいんですね。

関連する絵本

あおくんときいろちゃん
レオ・レオーニ/作
藤田圭雄/訳
至光社
1984年　1,260円（税込）

▲あおくんときいろちゃんは本当に仲良しですね！

あかいひかり　みどりのひかり
マーガレット・ワイズ・ブラウン/作
レナード・ワイスガード/絵
谷川俊太郎/訳
童話館
1994年　1,575円（税込）

▲赤と緑の一日の美しい移り変わり、訳も大変美しい。

杉山和子●杉山内科小児科医院/山口県防府市

263-00439

57　いろいろあってね

内田麟太郎／文　本信公久／絵

くもん出版　2002年　1,260円（税込）

いろいろな色とその色を使ったさまざまな絵が楽しい絵本。

「色」は「いろいろ」面白い！

絵本は「絵」でストーリーを表現していますから、その絵を彩っている「色」と絵本は切っても切り離せない関係です。作者は、作品に対する思い入れを「色」で操っていることもあります。作者によっては、ストーリーではなく、色自体を楽しむ絵本も作り出しています。その中で『いろいろあってね』という絵本は、単なる色の紹介ではなく、いろいろな色の絵と内田麟太郎さんの歯切れよい文が一体となって楽しめます。ほかの「色の絵本」と異なって、「無色（透明）」まで描かれているのも特徴です。

色はよく考えてみると不思議です。人間が見分けることのできる色の数は約1,000万だそうです。その中でも「名前」がついている色は1万にも満たないようです。人によって好みの色が違いますし、同じ人でもその日の感情で色の好き嫌いは変わります。国の文化や伝統によって、色に対する表現や感情はさまざまです。日本では信号の“進め”の色は「青」と言いますが、本当は「緑」です。日本は古くから「緑」を「青」と表現することが多いようです。

ニュートンが行ったプリズムの実験以来、虹の色の数は7色というのが定説ですが、5色や6色という国もあるようです。国によって虹の色の数が違う、というのは面白いと思いませんか？

「黒」は悪や絶望など悪いイメージの色と考えがちですが、真反対の高貴、静粛、威厳を示す色にもなります。また単に黒、といっても「墨色」、「ぬれがらす」、「しっこく」、などいろいろな名前の黒があります。

普段から何気なく目に入ってくる「色」ですが、「いろいろ」考えてみると面白いですね。親子で絵本を見ながら「色」そのものも楽しんでください。

関連する絵本

にじをつくったのだあれ？
ベティ・アン・シュワルツ/作
ドナ・ターナー/絵
鈴木ユリイカ/文
世界文化社
2002年　1,680円（税込）

▲ページをめくっていくと……。

色の名前
近江源太郎/監修
角川書店
2000年　2,625円（税込）

▲絵本ではありませんが、「色」そのものを楽しめる本です。

谷村　聡●たにむら小児科/山口県周南市

263-00439

58　ぼく　にげちゃうよ

マーガレット・W・ブラウン/文　クレメント・ハード/絵
いわたみみ/訳　ほるぷ出版　1976年　999円（税込）

どこかへ行きたくなった子ウサギがお母さんに言います。「ぼくにげちゃうよ。」魚になって、山の上の岩になって、庭のクロッカスになって……。でも、お母さんは漁師になって、登山家になって、植木屋になって……。どこまでも子ウサギを追いかけるのでした。

あおむし劇団の産みの親となった絵本

まるで魔女が「こんにちは」って、挨拶して出て来そうな、森の息吹と木の香りが漂うお店「こどもの広場」（180ページ参照）が私とこの本の出会いの場所でした。そこは、木のぬくもりのおもちゃとこどもの目線で絵本の並ぶお店です。

私の目に飛び込んできた色鮮やかな絵本……『ぼく　にげちゃうよ』。すぐにページを開きましたが、1ページ目はモノトーンです。しかし、うさぎの尻尾に、命を感じる！と思う間もなく、うさぎが動き始めます。親子のうさぎが走り出す！　追いかける母。魚になって逃げても、小鳥になって逃げても、海を泳いで逃げても、岩になって隠れても、お花になって隠れても、かならず探し出してくれるんだ。お母さんなら。そんな愛があるだろうか？　母以外、誰がそんなに私を愛してくれるだろうか？　カラーとモノクロの世界が繰り返し続きます。母の温もりを想い出し、私の涙を誘います。こどもに無償の愛を注ぎ、許したあの頃がよみがえります。

さっそく待合室で、絵本とおもちゃを愛する子育ての会を結成しました。うさぎの縫いぐるみが着てみたかったと言うお母さんが入会したことにより、一挙にこの絵本が公演される段取りになりました。そして、子うさぎ役を演じた小学一年生の男の子が、一躍注目を浴びたのです。小さい頃からいつも、お母さんと絵本でつながっていた彼は、絶妙な読み語りで、聴衆を見事に絵本の中まで引き込んだのです。きっと、絵本の中のような会話を本当にしたことがあったに違いありません。一人っ子の彼は、そのごほうびとして、たくさんのお友達を作ることができました。

絵本を読むことで、こんなに素晴らしい人生の幸せを得ることができたのです！

関連する絵本

しりたがりやの ふくろうぼうや
マイク・サラー/作
デービッド・ビースナー/絵
せなあいこ/訳
評論社
1992年　1,260円（税込）

▲この本も坊やとお母さんの掛け合いです。尽きない坊やの質問にきちんと答えるお母さんが素敵！

おやすみなさい おつきさま
マーガレット・ワイズ・ブラウン/作
せたていじ/訳
評論社
1979年　1,050円（税込）

▲よろしければ原著でも韻を楽しんでみてください。

杉山和子●杉山内科小児科医院/山口県防府市

263-00439

59　はらぺこあおむし

エリック・カール/作　もりひさし/訳

偕成社　1976年（初版）　1,260円（税込）

ちいさな卵から生まれたあおむし。いろいろなものを食べて大きくなります。そして最後に食べたものはなんでしょう？大人気絵本です。読み聞かせ用にビック・ブック、また赤ちゃんの携帯用にボード・ブックもあります。

お気に入りの絵本の威力

こども達に人気の絵本は、すぐボロボロになってしまいます。中でも『はらぺこあおむし』は当院でも人気Ｎｏ.１。修繕しても追いつかず５年の間に４冊買いました。

我が家の長男も２歳の時に夢中になり、毎日のように読んでとせがまれました。そしてこの絵本は、僕自身にも父親として素敵な想い出を作ってくれました。

次男の出産のために妻が入院し、始めて長男と２人きりで迎えた晩。母恋しさに大泣きして全く眠ろうとしない長男に、部屋を真っ暗にして、暗記していた『はらぺこあおむし』のお話を始めたところ、嗚咽《おえつ》しながらもジッと聞きいり、「どようび、あおむしのたべたものはなんでしょう」からは、２人で一緒に「チョコレートケーキと、アイスクリームと……」と１つずつ思い出していきました。そして、最後の「それからすいかですって！」のところでは、真っ暗闇の中で笑い声。何度も何度も繰り返し、やがて眠ってくれた息子の寝息を聞きながら、こどもにとってお気に入りの絵本の威力を感じたものです。

ちなみに、次男が２歳の時にも、母親と添い寝できず大泣きした時があり、この時は『てんてんてん』で乗り切りました。「てんてんてん」と僕が言うと、泣きながら「てんとうむし」とちゃんと返って来る、けなげな次男の声を今でも愛おしく想い出します。

関連する絵本

てん てん てん
わかやましずこ/作
福音館書店
1998年　600円（税込）

▲０、１、２歳用の絵本の定番。こども達が大好きなてんとうむしやかたつむりが出てきます。

パパ、お月さまとって！
エリック・カール/作
もりひさし/訳
偕成社
1986年　1,680円（税込）

▲お月さまをとるのに、ながーい梯子を持ってきたスーパーお父さん。読んでいてうらやましくなります。

高田　修●たかだこども医院/宮城県宮城郡

あおむし劇団の奇跡

杉山和子●杉山内科小児科医院／山口県防府市

防府で一番勇壮なお祭り、裸坊の日、「あおむし劇団」は産声をあげました。急に決まった公演に、みんな不安でいっぱいです。会場に家族連れが集まってきました。出番を待つスタッフの緊張感が高まっているのが手に取るようです。ベテランギタリストの松富さんの爪弾くメロディーに合わせて幕が開きました。

最初は、堀切父さんの『ぴょーん』（ポプラ社）。シンプルな絵本ですが、なかなか受けているようです。かたつむりのせりふ「やっぱり、だめか！」には、観衆もワッ、ハ、ハ、ハ。大野さんの赤ちゃんも、看護婦さん手作りのあおむしの衣装を着て登場です。「ぴょーん」と抱き上げられて、満場の大喝采を浴びました。

次のプログラムでは小さな奇跡が起こりました。小学校一年生の子が『ありとすいか』（ポプラ社）を読んだ時です。あまりの上手さに「劇団の子役？」、「すごい」と観衆のどよめきが聞こえてきました。

プログラムも『ぼくにげちゃうよ』（ほるぷ出版）のところまで進行してくる頃には、みんなの緊張もすっかり取れてきました。

『ゆめのゆき』（偕成社）では、堀切父さんのとっさのアイデアで盛り上がりました。イチ、ニィ、サン、シィ、ゴーと出てくる動物の名前のあてっこをした後……。堀切父さんが「あっ、忘れていた」と言いながら、ストーリーに合わせてサンタの衣装に着替えるという早業をやってのけたのです。サンタ衣装になった父さん、すっかりこども達の人気者です。

『まどから★おくりもの』（偕成社）では、子役の瑞樹君の独断場でした。

最後のプログラムは『はらぺこあおむし』（偕成社）。清木さんが、音楽に合わせて本の穴から出すパペットのあおむしに、こども達の目は釘付けです。あおむしが蝶になって飛び立つシーンでは、観衆全員で手に持っている絵本をバタバタと羽ばたかせました。

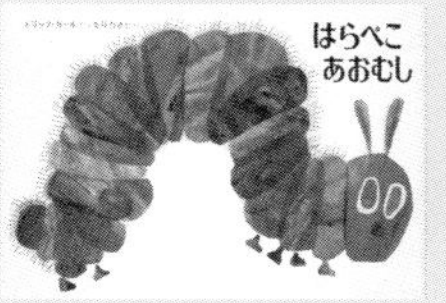

拍手がいつまでも続きます。
実は、とっておきのカーテンコールを準備していたのです。客席にバイキンマンとバットマンの衣装を身に着けて座っていたお父さんが壇上に上がりました。

『すてきな三にんぐみ』（偕成社）の始まりです。お母さんやおばーちゃんも、こども達に声援されて舞台に上がってきました。

初めての公演は、2時間半、感動いっぱいで、本当の幕を下ろしました。

「あおむし劇団」の鮮烈なデビューの続きです。
次の日には、公民館で公演しました。いつもワイワイと騒いでいるガキ大将もすっかり絵本の魅力に引きずり込まれていました。次の週には280人の小学生の前で公演。大型絵本が威力を発揮しました。養老院のクリスマス会にも登場しました。図書館では、幼児へ絵本の読み聞かせもしました。公民館での新しい読み聞かせ劇団の指導にも携わるようになりました。今まで小学校で行われていた読み聞かせ会の支援もしました。
「あおむし劇団」は風船のように膨らんで、防府市の空を大きく、ゆったりと飛び始めています。

あおむし劇団の初公演。お父さんも お母さんも おばーちゃんも こどもも赤ちゃんも
巻き込んで、拍手喝采の大盛況！

絵本がかなでる音楽

60　もけら もけら

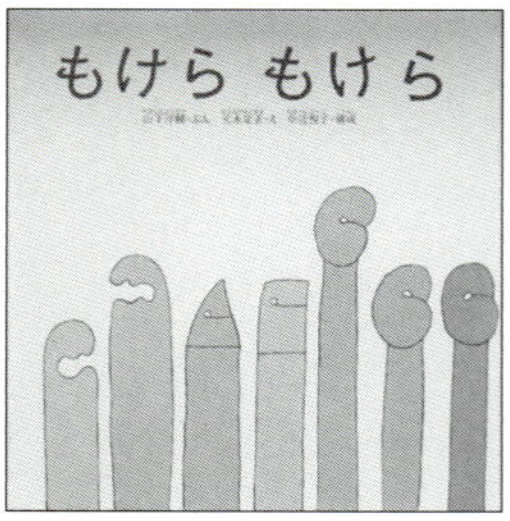

山下洋輔/文　元永定正/絵　中辻悦子/構成

福音館書店　1990年　1,260円（税込）

言葉に敏感な2歳児から4歳児くらいまでのこども達にうけること間違いなしの絵本。
ただし、おとなは一切の恥じらいを捨てて、大きな声でテンポよく読むことが大切です。

わけわからないから、こどもには面白いんだな、たぶん

保育園の秋の内科健診のあと、年中さんのクラスへ行って『もけらもけら』を読んでみました。「もけらもけら　でけでけ。ぱたら　ぺたら。ぴたごら　ぴたごら」テンポとリズムが重要な絵本だと思うので、僕はどんどんページをめくっていきます。案の定、こどもらはポカンとしたまま。でも、「えぺぺ　てぺぺ　ぷて　ぽた　ぽと」のあたりから笑いが起こります。わけわかんないものは、とりあえず面白がればいいんだということに、こども達は気がつくのです。

この絵本の特色は、現代前衛芸術家である元永定正さんの他の絵本と比べて、絵とテキストが微妙にズレていることです。不思議な形の物体がいくつも並んで、左から右へと次々に行進して行く絵が先に出来上がっていて、テキストは後からつけられたそうです。山下洋輔さんが繰り出す言葉は、ジャズ的言語感覚に満ちていて、ズレてうねって反転し、元永さんの絵とインタープレイを展開するのです。

初代山下洋輔トリオのクロージング・テーマが『ぐがん』という曲で、森山威男さんが叩くドラムパターンがそのまま曲のテーマとなっています。「ぐがんぐがん　だぱたとん。ぐがん、だぱたとん」CDで聴くと、本当にそう聞こえます。「だぱたどぱた　どばどばどば　しゃば」の「しゃば」は、森山さんの叩くシンバルの音ですね。

1972年の博多でのこと。この山下洋輔トリオがホテルの一室で打ち上げをしていると、突如変な男が乱入してきました。当時まだ素人のタモリです。山下さんに発見されたタモリは、やがて上京し赤塚不二夫の居候となります。その彼が山下洋輔トリオとともに完成させたのが「ハナモゲラ語」で、この絵本の中でもその応用言語が使われています。

関連する絵本

ドオン！
山下洋輔/文　長 新太/絵
福音館書店
1995年　1,155円（税込）

もりのがっしょうだん
たかどのほうこ/作　飯野和好/絵
教育画劇
2003年　1,365円（税込）

北原文徳●北原こどもクリニック/長野県伊那市

263-00439

61　ベンのトランペット

R. イザドラ / 作・絵　谷川俊太郎 / 訳

あかね書房　1981 年　1,470 円（税込）

一日中トランペットを吹いているベン。ほんとのペットは持っていないので、口で。尊敬するトランペッターに誉められても、「連中」にけなされると心が沈む。と、そこへ……。

クールなおとなになりたいな

もう、ほんとにかっこいい！　クールの一言！　渋い本なんですよ、とっても。絵も台詞も雰囲気も登場人物も、何もかもが！

まず、うなっちゃうのは絵でしょうね。表紙を開くと見開きにジャズが流れている。そんなページが何ページか続き（ちょうど映画のタイトルバックのように）、本文へ。夜のちょっと場末っぽい街の非常階段にしゃがんでペットの吹きまねをしているやせっぽちの少年のシルエットが、見開きの片隅に描いてある。この本は細かい線や点描の独特の手法で描かれていて、ザラザラした雰囲気を作り上げています。そのあと、ジャズクラブのメンバーがそれぞれアップで描かれるんですが、どれもキャリア十分な方々……いかしてます。

と、絵にしびれている間にストーリーが進み、ベンが「連中」にけなされてしゅんとしてる場面になってしまうんですが、結末はハッピーエンドなんですね。こんなふうに、自分を慕ってくれるこどもに、きちんと必要な時に助け舟を出せるおとながいっぱいいたら、こども達はそんなおとなになりたいなって、希望が持てると思うんですよね。

素敵なおとなになりたい方に、まず読んでみて頂きたい本です。大丈夫、まだ間に合いますよ。

で、谷川俊太郎さんの訳もオシャレな絵と一緒にスイングしています。そりゃ、かっこいいはずだわ。

関連する絵本

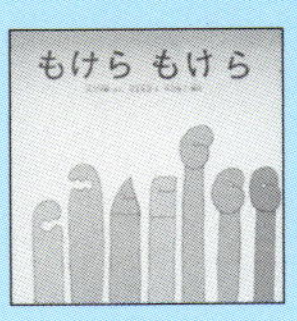

もけら もけら
山下洋輔/作　元永定正/絵
中辻悦子/構成
福音館書店
1990年　1,260円（税込）

ねことクラリネットふき
岡田 淳/作
クレヨンハウス
1996年　1,223円（税込）

多田香苗●明和病院/兵庫県西宮市

62　ごろごろ にゃーん

長 新太/作・画　福音館書店　1984年　840円（税込）

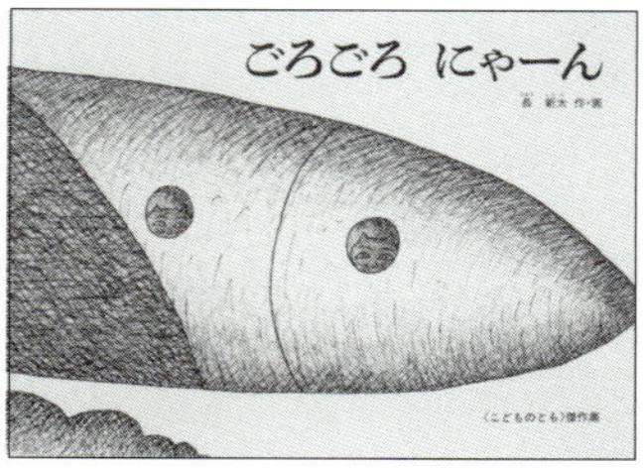

「ひこうきは ごろごろ、ねこたちは にゃーん にゃーん ないています。」その後は、ただひたすら「ごろごろ にゃーん ごろごろ にゃーん」と、飛行機は飛んでいきます。

絵本は、声に出して読むものです

今や、僕達小児科医が読み聞かせに選ぶ絵本の定番『もこ　もこもこ』（谷川俊太郎/作、元永定正/絵）は、必ず（おとなにも）うける必笑本なのですが、絵本の本屋さんに聞くと、売れ行きはあまりよくないそうです。

奇妙きてれつな図形と、「もこ」とか「つん」とか擬音のみで構成されているので、本屋さんで立ち読みをして、黙読したのでは意味不明のまま終わってしまうことでしょう。ところがところが、こども達の前で声を大きくして読んでみてください。絵がいきいきと動き出します。「もう1回読んで！」必ずそう言われます。

「こどもに楽しんでもらおうと絵本を描くと、おとなは買ってくれない。本当はこどもに直接手渡したいんだ」と悩む長 新太さんも、『つみつみニャー』のあとがきで、絵本における「文」と「絵」の関係をまんじゅうの皮とあんこに例え、皮だけより、あんこだけより、まんじゅうとして一緒にたべるのが本当にうまいのだと語っています。長 新太さんは、書き手の思いに的確に絵をつける名人です。自分自身で文章も書くと、言葉のリズムと絵が混然一体となり絶妙なハーモニーを奏でます。『キャベツくん』『にゅーっ するする』『つきよ』『わたしのうみべ』などなど。

『ごろごろにゃーん』では、トビウオのような形をした変な飛行機がネコの集団を乗せて、ひたすら飛んでいきます。飛行機の中から釣りをしたり、犬の集団に襲われたり、ＵＦＯと遭遇したり……。この作品も黙読せず、大きな声で「ごろごろにゃーん！」と読んでみてください。不思議で思いがけない冒険の数々にこども達はワクワクし、大笑いすることでしょう。そして最後には「もう1回読んで！」と必ずせがまれます。

関連する絵本

つみつみニャー
長 新太/作・画
あかね書房
1974年　998円（税込）

▲恐ろしい超能力を持った積み木と、僕とお父さんの奇想天外な頭脳戦。

ぼくのくれよん
長 新太/作・絵
講談社
1993年　1,470円（税込）

▲ぞうのくれよんは超巨大。びゅー、びゅー、といろんなものを描くたび、森の動物達はびっくり仰天。

高田　修●たかだこども医院/宮城県宮城郡

263-00439

63　キャベツくん

長 新太/文・絵　文研出版　1980年　1,365円（税込）

キャベツくんと道でばったり出会ったブタヤマさん。腹ペコのブタヤマさんには、キャベツを食べたいろいろな動物の姿が、次々と空に浮かんで見えます。

優しい気持ちになれるナンセンスな絵本

表紙には、正面を向いて立っているキャベツくんが描かれています。山と一部の木とキャベツくんは緑色ですが、バックの林の木々は青色、空は黄色です。ページをめくると、黄色い空が画面いっぱいに広がっています。夕暮れのようにも見えます。こんな風景の中で、キャベツくんはブタヤマさんと出会います。

お腹が空いているブタヤマさんは、キャベツくんを捕まえて食べようとします。キャベツくんは、「ぼくをたべるとキャベツになるよ！」と言います。すると、鼻がキャベツになったブタヤマさんが空に浮かぶのです。ブタヤマさんはそれを見て、「ブキャ！」と驚きます。ヘビ、タヌキ、ゴリラ、カエル、ライオン、ゾウ、ノミ、クジラと次々に空に浮かびます。そのたびにブタヤマさんは、「ブキャ！」と驚き、最後にはひっくり返ってしまいます。そんなブタヤマさんを見て、キャベツくんはかわいそうになり、レストランでごちそうしてあげることにしました。ブタヤマさんのよだれが風に乗って柔らかく流れていくところでお話は終わります。

おとなには何だかよくわからないストーリー、まさにナンセンスなのですが、読み聞かせをするとこども達は大喜びです。最初は不思議そうにじーっと聞いているのですが、「ブキャ！」とキャベツになった動物達が出てくるたびに、笑って喜びます。大きなクジラが出てくると、「うわー」「おおきいー」と歓声があがります。最後のブタヤマさんのよだれが流れる場面では、おとなからも思わず笑みがこぼれます。

ブタヤマさんの腹ペコの極致をみんなで一緒に味わって、「作者のことば」にもあるように“優しい気持ち”になれる絵本なのです。

関連する絵本

さかさまライオン
内田麟太郎/文　長 新太/絵
童心社
1985年　1,365円（税込）

▲ナンセンス絵本の巨匠お二人による合作です。

えをかく
谷川俊太郎/作　長 新太/絵
講談社
1979年（2003年新装版復刻）
1,680円（税込）

▲谷川さんの詩のとおりに絵を描いた傑作です。

住谷朋人●住谷小児科医院/高松市

64　よるのさんぽ

たむらしげる/作　架空社　1990年　1,365円（税込）

ねむれないや　ちょっとさんぽにいってこよう。町に向かって歩いているうちに、男の子が大きくなったのか、世界が小さくなったのか。たむらしげる独特のブルーで表現されるこのお話。夢のある物語となっています。

寝床に並んだブルーの絵本

結婚してこどもができると、絵本を読んであげたいなと思うようになりました。長男が生まれた頃、ちょうど駒形克己氏の“リトルアイ”のシリーズが発売され、読むというよりぴらぴら開いて遊んでいました。ある日、氏の新作を購入しようと本屋さんで探していると、ふと綺麗なブルーの『よるのさんぽ』という絵本に出会いました。さりげなく置かれてましたが、表紙の美しさにひかれて衝動買い。中身もこどもが好きな電車や車、ふみきり、消防車がいっぱい出てきます。こどもが大きくなったのか、世界が小さくなったのか、汽車をまたいだり……不思議な風景です。それと、夜にこどもがお散歩できるなんて、なんと素晴らしいことでしょう。フランスコミックのような絵もユニークで、小さな長男にいっぱい読んであげました。

でも絵本はとても高価です。そこで安くてよい本を探したところ、福音館の「こどものとも」のシリーズに出会いました。初めて購入したのが1992年12月号『ながれ星のよる』で、当時定価が300円でした。その時は、絵本の題名も作者も関係なく、ただただ素敵なブルーにこどもと一緒に魅せられました。

ある日、昼間見たらゴミ屋敷としか思えない寝室の布団の上に、この『よるのさんぽ』と『ながれ星のよる』が偶然に並んでいました。あ、同じ綺麗なブルーだ。なあんだ、作者が同じ、たむらしげるさんっていうんだ。こんな形から絵本にのめり込むこともあります。たむらブルーが気に入った方は、『ダーナ』もいかがでしょうか。おとな向きですが、こどもも大好きになるはずです。

関連する絵本

ながれ星のよる
たむらしげる/作
ブッキング
2005年　1,890円（税込）

▲すりばちじまに落ちてくるながれ星が圧巻。

ダーナ
たむらしげる/作
ほるぷ出版
1993年　1,325円（税込）

▲ダーナのブルーは哀しみのブルーです。

荻田安時●おぎた小児科医院/新潟県柏崎市

263-00439

65　ねむいねむいねずみ

ささきまき/作・絵　PHP研究所　1979年　1,121円（税込）

シリーズ化されているロングセラー絵本の最初の１冊です。ねむいねむいねずみが、ひとり旅をしています。ある夜、森の中のお屋敷で一夜を明かすことになりました。しかし、そこはおばけ屋敷だったのです。

“絵本”と“読み聞かせ”の魅力を発見！

これは、僕に絵本の魅力を教えてくれた最初の絵本です。

実は、開業のお祝いとして、友人からこのシリーズをいただきました。残念ながら、その当時、僕はまだ絵本に興味がなくて、一度読んで「ふーん」という程度で、汚してはいけないと思い、本棚の奥にしまい込んでしまったのです（今から思えば、なんともったいないことをしたのでしょう）。それから1年ほど経って、初めて絵本に興味を持った僕は、再びこの絵本を引っぱり出し、3人の娘達に読み聞かせをしてみました。そこでやっと、この絵本の素晴らしさがわかったのです。“絵本”そのものの持つ力・魅力を知ったのです。

ソファーに座り、僕の左右に上の娘達を、膝の上に末娘を抱いての読み聞かせです。ねずみがおばけ屋敷に迷い込み、おかしなことが次々と起こります。娘達の身体には力が入って、緊張している感じが、直接肌を通して伝わってきました。ねずみは眠り、お母さんの夢を見ます。すると、娘達の身体からスーと力が抜けていき、ホッとした表情になったのです。僕が“絵本”の力を知った瞬間でした。また、こども達の豊かな感受性に気がついた瞬間でもありました。そして、今まで体験したことのない、こども達との一体感を味わいました。さらには、自分が癒されているような不思議な感覚でもありました。

まだ読み聞かせをされたことがない方は、是非一度試してください。絵本を一緒に読むだけで、こども達と至福の時が過ごせますよ。

関連する絵本

ねむいねむいねずみのクリスマス
ささきまき/作・絵
PHP研究所
1982年　1,121円（税込）

▲雪の中を歩き続けて、もぐり込んだのは、サンタクロースのそりでした。

ねむいねむいねずみのあまやどり
佐々木マキ/作
PHP研究所
1997年　1,124円（税込）

▲雨でずぶぬれ、穴を見つけてもぐり込むと、そこは家の中でした。

住谷朋人●住谷小児科医院/高松市

263-00439

66　まよなかのだいどころ

モーリス・センダック/作　じんぐうてるお/訳

冨山房　1982年　1,470円（税込）

“まよなかのだいどころ”に迷い込んだミッキーが大活躍します。

楽天的で明るい悪夢の世界

センダックといえば『かいじゅうたちのいるところ』が有名ですが、初めて読んだ時は“怪獣”にしては迫力に欠けるモンスターだなあと、絵と文のミスマッチに物足りなさを感じました。原題は『WHERE THE WILD THINGS ARE』で、“Wild Things”は正確には“野獣”とか“野蛮人”の意味だそうです。“Wild Thing”たちが踊り狂う場面では、“怪獣踊り”よりも“野獣踊り”のほうが絵にマッチする感は否めません。

この『まよなかのだいどころ』は、その点日本語訳の言葉のリズムも良く、絵と文がマッチしているすぐれた作品だと思います。

真夜中。ドスン、バタンと階下からの騒音に「うるさいぞ！　しずかにしろ！」とミッキーが叫んだとたん、あら不思議。裸になって床を突き抜け“まよなかのだいどころ”へ落ちていきます。そこでは、朝食用のパンケーキを作っていて、ミッキーはパンの粉と一緒にオーブンで焼かれそうになります。しかし、持ち前の明るさで「僕とミルクを間違えるなよ」と言って脱出。パンの粉をこねて飛行機にして飛び立ちますが、パン屋さんたちに「ミルクがないとパンケーキが作れない」と泣きつかれます。「大丈夫　僕はミッキー　パイロット」まかせとけ！とばかりに巨大な牛乳瓶の中へ飛行機からダイブ。みごとミルクを調達し、不気味なパン屋さんたちが「ケーキがやけます」「これでいうことありません」と大満足して大団円。

不思議で変てこなお話ですが、矢継ぎばやに起こっていく冒険に、ぐいぐいとひきこまれていきます。こどもの頃に見た夢のことを正確に覚えている、というセンダックならではのお話です。

関連する絵本

かいじゅうたちの いるところ
モーリス・センダック/作
じんぐうてるお/訳
冨山房
1975年　1,470円（税込）

▲センダックの代表作。母親に怒られたマックスの心の中で荒れ狂う野獣たち。

まどのそとの そのまたむこう
モーリス・センダック/作
わきあきこ/訳
福音館書店
1983年　1,785円（税込）

▲父親不在の家庭の中で、不安を感じる女の子の心の情景。

高田　修●たかだこども医院/宮城県宮城郡

67　かようびのよる

デヴィッド・ウィズナー/作・絵　当麻ゆか/訳

徳間書店　2000年　1,470円（税込）

この表紙を見ただけでは絵本の内容は推測できませんが、ページ１枚開けば、たちどころにアナザーワールドに入れます。字数が少ないけれど、ぐんぐん引き寄せられる絵本で、この作家の最高傑作です。細密な絵だからこそ説得力があります。

このお話は本当なの？　そう本当だよ

本屋さんで綺麗な青を使い分けた表紙に魅せられて、この絵本を購入しました。

ある火曜日の夜8時ごろ、睡蓮の上で眠りについていた一匹のカエルは葉っぱごと宙に浮きました。驚いて見上げている他のカエル達も次々に浮いてきます。カエル達は得意満面。窓から家を覗いたり、洗濯物に突っ込みマフラーにしたり、家に入り込んでテレビを見たりしています。でも夜明けとともにカエルは元の池に戻ります。カエルも何があったのか腑に落ちない表情です。朝になって、カエルが空を飛んでいた証拠は道に残っていた葉っぱだけ。確たる筆技に裏づけされた、アイデアあふれるこの絵本は、こどもをひきつけます。

文字が少ないので、ストーリーを変えて、何度でも読んであげることができます。

「このお話は本当なの？」いつも保育園で、学校で、尋ねられます。

「そう、もちろん本当だよ。でもね。次の火曜日の夜７時58分に、空に見えた太った動物は嘘じゃないかなあ」

いつでも大うけする絵本です。作者はこの太った動物が好きなようです。夢をテーマにした『フリーフォール』にも出てきます。定番の３匹の子ぶたをアレンジした『3びきのぶたたち』のアイデアも秀逸です。

関連する絵本

フリーフォール
デヴィッド・ウィズナー/作
BL出版
1994年　1,428円（税込）

▲カエルの絵が一番得意なんですね。

3びきのぶたたち
デヴィッド・ウィズナー/作
江國香織/訳
BL出版
2002年　1,680円（税込）

▲ぶたさんの目がとても綺麗です。日本人には発想できないアイデアです。

荻田安時●おぎた小児科医院/新潟県柏崎市

絵本とジャズとの不思議な関係

北原文徳●北原こどもクリニック／長野県伊那市

こどもはなぜ同じ絵本を何度でも繰り返し読んでもらいたがるのか？　絵本作家の長谷川摂子さんは講演の中でその答えを教えてくれました。「こどもは絵本を読んでもらいながら、自分のお気に入りのフレーズが登場するのを、今か今かと待ち構えています。特に1～2歳のこどもは耳がとっても良くて、言葉の流れを、まるで音楽を聴くように味わっているのです」と。なるほど、大好きな曲なら何回聴いても飽きることはありません。ジャズが好きな僕の場合は、『ヘレン・メリル with クリフォード・ブラウン』の2曲目に収録された“You'd Be So Nice To Come Home To”が、まさにそれです。単調なピアノソロのあと、「パパラパッ！」と闇を切り裂くようなトランペット・ソロの始まる瞬間が、何度聴いてもたまらないのです。

クラシックの場合、フルトヴェングラーのベートーヴェンを後生大事に聴いているファンって、案外少ないのではないでしょうか。なぜなら、60年も前の録音では音が悪くて聴くに堪えないから。ところがジャズファンは違います。どんなに古く音が悪い録音のCDでも、そのオリジナル演奏にこそ最大の価値があるのです。だから、1950年代に録音された古いレコードが、発売元は次々と変わっても、ジャケットデザインはそのままに、何度でも再版を繰り返しながら今でも現役で聴かれています。

これって、絵本でもまったく同じですよね。1940～50年代に書かれた絵本が、版を重ねて現在も「そのまま」書店の棚に並んでロングセラーを続けています。大切なことは、第二次世界大戦前後のアメリカでジャズは黄金時代を迎え、時を同じくして、傑出した絵本作家がアメリカで次々と誕生したということ。

たとえば、ジャズを大衆音楽として世間に定着させたデューク・エリントンは、さしずめ『ちいさいおうち』のバージニア・リー・バートンだし、早死にした天才ジャズマン、チャーリー・パーカーの活躍は、同じく絶頂期に若くしてこの世を去った絵本作家、マーガレット・ワイズ・ブラウンと重なります。

マイルス・デイビスが奏でるバラードは、マリー・ホール・エッツが描くモノトーンの静かな絵本と雰囲気がよく似ているし、1920年代にルイ・アームストロングが革新的なジャズ演奏を始めた頃、傑作絵本『かしこいビル』は描かれました。それから、日本絵本界のアバンギャルド、長 新太さんが登場した1960年代の後半に、フリージャズの風雲児、山下洋輔

263-00439

『Helen Merrill with Clifford Brown』
ヘレン・メリル(Vo) クリフォード・ブラウン(Tp)
(EmArcy 1954)

トリオは誕生しています。

絵本とジャズの類似点はまだまだあります。黒人が持って生まれたビート感を、僕ら日本人は訓練しないと味わえない。これは、絵本を直接感覚的にとらえることができる「こども」と、それができない「おとな」の違いによく似ています。

おとな、特に父親にとっては、絵本てすごく難しいと思う。ちょっと見ただけでは、どこが面白いのかさっぱりわからない。ジャズも同じです。最初は取っつきにくくて訳わからないけれど、１枚のCDを何回も聴くうちに、噛むほどに味が出るスルメのごとく、じわじわとその演奏の凄さがわかってくる。そして、好みの楽器、演奏者が見つかれば、芋づる式に興味が拡がってどんどんジャズの深みにはまっていくことになるのです。

それから、ジャズではジャムセッションと言って、普段いっしょに演奏したことのないジャズメンが集まって、一夜限りの特別編成の演奏を繰り広げ、思わぬ傑作が生まれることがよくあります。内田麟太郎さんや中川ひろたかさんの最近の活躍を見るにつけ、絵本の世界でも同じことが言えると思うのです。

ジャズの一番の魅力は「ライヴ」にこそあります。絵本だってそう。演奏者（読み手）と観客（こども）とが呼応してどちらにとっても楽しく気持ちのいい体験ができる「場」が、そこに生まれるからです。

『A列車で行こう』
デューク・エリントン・オーケストラ
(RCA 1942)

『Charlie Parker Story On Dial Vol.1』
チャーリー・パーカー(as)
(Dial 1947)

『Round About Midnight』
マイルス・デイビス(Tp)
(Columbia/Sony 1955)

『Best of Hot Five & Seven Recordings』
ルイ・アームストロング(Tp)
(Columbia/Sony 1926-1928)

『Gugan』
山下洋輔トリオ
(東芝EMI 1971)

『ちいさいおうち』
バージニア・リーバートン
(岩波書店 1942)

『おやすみなさい おつきさま』
マーガレット・ワイズ・ブラウン
(評論社 1947)

『わたしとあそんで』
マリー・ホール・エッツ
(福音館書店 1955)

『かしこいビル』
ウイリアム・ニコルソン
(ペンギン社 1926)

『よわむしらいおん』
八木田宜子（文）長 新太（絵）
(文化出版局 1971)

＊翻訳絵本の発行年は、原著の初版年を表記しています。

お父さんと読む絵本

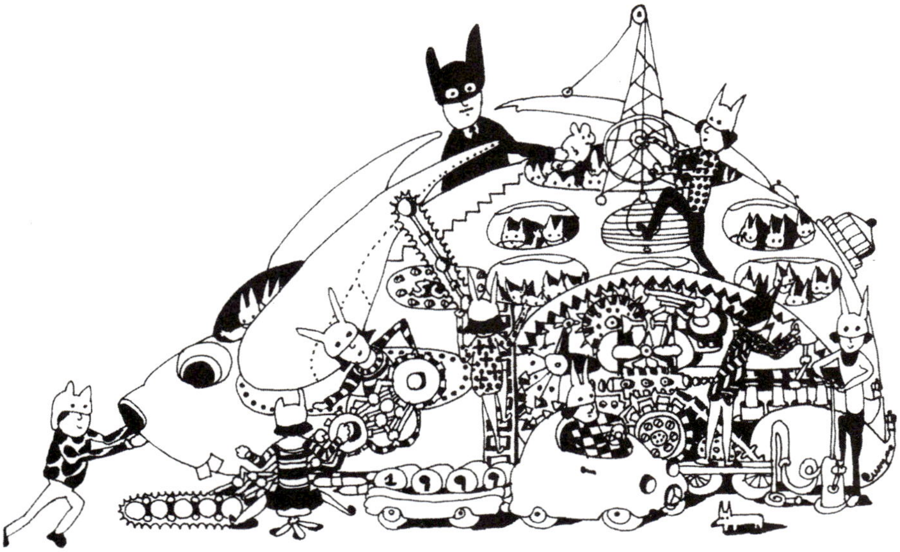

68　おっとっと

とよたかずひこ/作　岩崎書店　1997年　840円（税込）

「しろくまパパとあそぼう」シリーズの１冊。
おとうさんの　かたぐるま！　おとうさんよりおおきくなった！
とおもったら　おっとっとっとっとっと。

いっしょに遊んでよ！　おとうさん

開業する前は、病院にやって来るこども達に「しろくま先生」と呼ばれていました。

いつも、よれよれの白衣を着て、もっさりと病院の廊下を歩いていたからです。その頃はまだ絵本にまったく興味がなかったのですが、本屋さんで、ふと『ナヌークの贈りもの』という、シロクマの写真絵本を見つけて購入しました。写真家・星野道夫は、その半年後にカムチャッカの湖畔でヒグマに襲われ命を落とします。1996年8月8日のことでした。

その月の27日に、僕の長男が生まれました。その息子のために、父親として生まれて初めて買って帰った絵本が、この『おっとっと』です。なにせ、「しろくまパパ」ですからね。とよたかずひこ氏の絵本を手にして、僕はすっかり彼のファンになってしまいました。毛筆のタッチでサラッと描かれた黒い輪郭に、パステル色の明るいインクが重なって印刷されています。これは「色指定」というのだそうで、一般的なカラー印刷と異なり、絵本作家の思い描くとおりの彩度の高い色合いが出せるのだそうです。『11ぴきのねこ』や『おとうさんはウルトラマン』も同じ手法ですね。

この絵本を読んで、僕は息子にずいぶんと「おっとっと」をしてあげましたよ。今でも息子のリクエストに応えて肩車をすることがあります。あの頃にくらべると、ずいぶんと重くなって大変ですが。

関連する絵本

でんしゃにのって
とよたかずひこ/作
アリス館
1997年　1,365円（税込）

▲ガタゴトーガタゴトー「つぎはわにだーわにだー」

ナヌークの贈りもの
星野道夫/写真・文
小学館
1996年　1,533円（税込）

▲生かされている命を身をもって示した写真絵本の傑作。

北原文徳●北原こどもクリニック/長野県伊那市

263-00439

69　おとうさんは ウルトラマン

みやにしたつや/作・絵　学習研究社　1996年　1,229円（税込）

強くてかっこいいウルトラマンがおとうさんになった！
一生懸命で真面目でちょっと不器用なウルトラ・パパの
子育て日記です。

おとうさん大活躍！の巻

最近、小児科の待合室でお父さんの姿をよく見かけます。仕事がお休みの土曜ともなると、朝からたくさんのお父さん達が受付に並びます。お父さんは一生懸命です。お母さんからことづかったメモを片手に病状を説明したり、実によく通る声で読み聞かせをしたり。注射の時は、力強い頼れる助っ人です。

こども達はお父さんが大好きです。診察の時、「ママ」ではなく、「パパ」と泣く子のなんと多いことか。ところが、こどもを振り回しすぎて頭をぶつけてしまったり、目を離したすきにけがをさせてしまったりで、しょんぼりしながらお母さんに連れて来られるお父さんもいます。そんな時、お父さんは顔にばってんでもつけられたかのような様子で、こどもに「ごめんなあ」と謝っています。

ウルトラマンは誰もが知っている永遠のヒーロー。この絵本は、そんなウルトラマンがお父さんになって子育てをするお話です。怪獣にはめっぽう強いけど、こどもや奥さんには弱い。厳しいけれども涙もろい。こどもに向けるまなざしは世界一暖かい。

冒頭、こんなくだりがあります。

「ウルトラマンは、目に見えないけれど確かなものをいつも追いかけていた。勇気と希望を、優しさや思いやりを、そして愛を…。ウルトラマンは決して色あせない、朽ちることのないものをぼくに見せてくれた。」

お父さんになった、たくさんの「ぼく」も、仕事に子育てに八面六臂の大活躍をしています。そんな姿の一端を、小児科の診察室から毎日楽しく垣間見ることができるのです。

関連する絵本

おとうさんのえほん
高畠 純/作
絵本館
1991年　1,260円（税込）

おとうさん・パパ・おとうちゃん
みやにしたつや/作・絵
すずき出版
1996年　1,050円（税込）

金子淳子●金子整形外科・小児科医院/山口県宇部市

70　パパ、お月さまとって！

エリック・カール/作　もりひさし/訳

偕成社　1986年　1,680円（税込）

娘にお月さまをとってとせがまれて、パパはながーいはしごをたかーい山に立てかけ本当に月をつれてきました。カールならではの楽しいアイデア絵本で、こんなしかけ見たことないけど、待合室では壊れやすいのが難点です。

「パパ、お月さまとって！」と言われたらどうしましょう

この絵本は、エリック・カールの代表作です。絵本の中のパパはかわいい娘に言われて、ながーいながいはしごをたかーいたかい山へ立てて、見事にお月さまをとってくることに成功しました。

この絵本の圧巻は、ちょっと大きすぎるお月さまのしかけ絵です。皆さんは、かわいい娘に、「お月さまとって」と言われたらどのように切り抜けますか？　パパのけなげさにも泣けますが、本当にこどもってとんでもないことを言いますものね。お月さまが小さく小さくなって、ぽっと消えていく場面も妙に物悲しくて好きです。こどもは繰り返しが好きですから、また娘に「お月さまとって」って言われたら、パパは次はどうするのでしょうか？

エリック・カールは人生を語ることをテーマにしています。我が家ではなぜか旅行の際に『ちいさいタネ』のコンパクト判を持参します。死をテーマにしている絵本ではないのですが、自然にそんなことも話します。

関連する絵本

ちいさいタネ
エリック・カール/作
ゆあさふみえ/訳
偕成社
1990年　1,470円（税込）

▲「ちからつきて」という言葉に納得します。

ごちゃまぜカメレオン
エリック・カール/作
やぎたよしこ/訳
ほるぷ出版
1978年　1,890円（税込）

荻田安時●おぎた小児科医院/新潟県柏崎市

263-00439

71　とうちゃんの トンネル

原田泰治/作・絵　ポプラ社　1980年　1,260円（税込）

たいすけの一家は戦争で食べる物がなくなり、町から村の山に引っ越してきました。しかし、一家が住み着いた高台は水がでないので米を作ることができません。家族のために、とうちゃんはたった一人でトンネルを掘って水を探そうと決心します。

とうちゃんのくれた勇気

この絵本の作者・原田泰治さんは画家です。私が原田泰治さんの絵に出会ったのは朝日新聞の日曜版です。原田さんは1982年4月から「原田泰治の世界」を127週にわたって連載していました。原田さんは日本のどこにでもあるような風景を暖かいまなざしでとらえています。そして、緻密で丁寧で美しい色合いの絵を書いています。その頃は日曜版がくるのを心待ちにしていて、切り取ってスクラップブックに貼ったりしたものです。

夫の故郷・信州の諏訪湖のほとりに「原田泰治美術館」があり、2人で時々訪れています。ある時『とうちゃんのトンネル』の原画展が開催されていました。原田さんが作った絵本があるとは知らなかったので、とても興味深く見学しました。

この絵本は、原田さんの幼い頃の体験をそのままお話にしたのだそうです。終戦直後に伊賀良村（現飯田市）に移住し、大自然に挑戦したお父さんの姿を描いています。お父さんは絶対に水が出ないと言われていた裏山に、たった一人でトンネルを掘って2年がかりでついに水を掘り当て、田んぼを作ったのです。

小児麻痺を患い足が悪かった原田さんに「とうちゃんのトンネル」は「どんなことがあっても絶対にくじけてはいけない」という生きる勇気を与えてくれたのです。今でも残っている「とうちゃんのトンネル」を流れる水の音は、原田さんにはお父さんの励ましの声に聞こえるそうです。

関連する絵本

さだおばさん
原田泰治/作・絵
講談社
1994年　1,680円（税込）

▲この本を映画化した時の縁で、歌手のさだまさしさんが原田泰治美術館の名誉館長になったそうです。

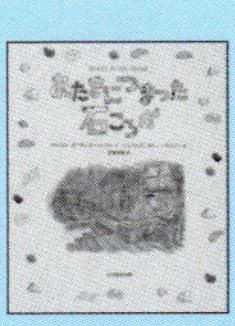

あたまにつまった石ころが
キャロル・オーティス・ハースト/文
ジェイムズ・スティーブンソン/絵
千葉茂樹/訳　光村教育図書
2002年　1,470円（税込）

▲作者のキャロルのおとうさんの実際にあったお話。「好きこそものの上手なれ」とはよく言いますが、勇気づけられる作品です。

小野元子●おのクリニック/千葉県松戸市

72　おまえうまそうだな

宮西達也/作・絵　ポプラ社　2003年　1,260円（税込）

アンキロサウルスの赤ちゃんに、お父さんと間違えられたティラノサウルス。無邪気にお父さんを慕うアンキロサウルスに、ティラノサウルスは本当の父親のようにいろいろなことを教えました。でも、ついにお別れの時が……。

じーんと心にしみ入る絵本

実は、宮西さんの「ウルトラマン」やこの「ティラノサウルス」のシリーズの絵本は、絵が一見漫画チックでしたので、なかなか手にすることがありませんでした。しかし、いろいろな絵本を紹介している本の中で、たびたびこれらの絵本が登場するのです。

ある日、ついに本屋さんで、この絵本を手にとりました。立ち読みでしたが（本屋さんごめんなさい）、その場で泣きそうなくらい感動しました。そして、後悔しました。なんでもっと早く読まなかったのかと。それからは、堰を切ったかのように宮西さんの作品を次々と読み、大好きになりました。

そして、縁あって、なんと僕の診療所の待合室で、宮西さんが読み聞かせをしてくださる機会を持つことができました。僕の娘達、近所のこども達とそのお母さん方、僕が園医・校医をしている保育所・幼稚園・小学校の先生方も見に来てくださいました。

宮西さんがこの絵本を読み聞かせされた時、先頃亡くなられたお父様のことを思い出されて、読みながら涙されました。僕はそれを見て、またまた感動してもらい泣きしました。

宮西さんは、特にこどもを意識せず、ご自身が感じたこと、思ったことをそのまま作品にされているそうです。だからこそ、僕らの胸をストレートに打つのではないかと思います。「もしかすると、小さなこども達にはその真意はわからないかもしれません。その年齢に応じた楽しみ方をしてくれればいいのです。きっと、もう少し大きくなった時には、また違う感じ方、受け止め方をしてくれるでしょう」と宮西さんは言われました。

関連する絵本

おれはティラノサウルスだ
宮西達也/作・絵
ポプラ社
2004年　1,260円（税込）

▲怪我をしたティラノサウルスと、プテラノドンのこどもとの心の交流のお話。

パパはジョニーっていうんだ
ボー・R・ホルムベルイ/作
エヴァ・エリクソン/絵
BL社
2004年　1,260円（税込）

住谷朋人●住谷小児科医院/高松市

73 う・ん・ち

なかのひろみ/文　ふくだとよふみ/写真

福音館書店　2003年　1,785円（税込）

写真家のふくだとよふみ氏が13年間撮り続けてきた、いろんな生き物のうんちを集大成した熟成された香りの漂う絵本。

とにかく、こどもはうんちが好き

うんちの絵本はなぜこんなにこども達に人気があるのでしょう。ぼろぼろになった絵本を待合室の本棚から引退させて、新しいのを本屋さんに注文しました。

この絵本には、いろんな生き物のうんちが所せましと並んでいます。そのうえ、写真絵本だから結構リアルです。圧巻は象のうんち。見開きの2ページにこんもりと盛られています。それぞれのページのうんちが主人公になって、いきいきと語りかけてくるようです。くんくんと嗅いでみたくなるページもあります。こども達はうんちと話すのがきっと好きなのに違いありません。

こどもが一人でうんちができるようになるのは、およそ3歳くらいからですが、おまるで踏ん張っている後ろ姿はなんともいじらしい。立派なうんちをした時はみんなに見てもらいたいらしくて、家族中がおまるの中のうんちを観察することになります。それに比べると、水洗便所の個室でひとりぼっちのうんちは味気ない。せっかく立派なうんちが出ても、うんちはすでに水没してしまっています。

ところで、小児科医も結構うんちとは縁が深いのです。「変なうんちが出ました」と、お母さん達が持ってくるうんちを鑑定しなければならないからです。

「どーれ、ふむふむ、匂いも、色もまあまあだね。この毛糸みたいにぐじゃぐじゃに絡まっているのはたぶんバナナの繊維だろうね。ちょっと顕微鏡でのぞいみようか」などと、おむつを広げてうんちをつつきながらお母さんと話すのも仕事の一部なのです。

関連する絵本

うんちしたのはだれよ！
ヴェルナー・ホルツヴァルト/文
ヴォルフ・エールブルッフ/絵
関口裕昭/訳
偕成社
1993年　1,365円（税込）

ひとりでうんちできるかな
きむらゆういち/作
偕成社
1989年　714円（税込）

佐々木邦明●佐々木こどもクリニック/名古屋市

74　かさ

太田大八/作・絵　文研出版　1975年　1,260円（税込）

文字の無い、絵だけの絵本です。
雨の日に、女の子が一人で、駅で待つお父さんに傘を届けに行きます。
無事に届けることができるでしょうか。

絵が“語る”

白黒で描かれたシンプルな絵の中で、女の子の傘だけが真っ赤で印象的です。ページをめくれば、言葉は無くても自然とお話が頭の中に浮かんできます。

女の子は、お父さんの大きな黒い傘を抱えています。公園を抜け、陸橋を渡り、歩道橋を渡り、商店街を通り、さらに大通りも渡って、やっと駅に着きます。1kmはありそうで、こどもにとってはかなりの距離です。

公園では池を眺めていると、偶然友達とすれ違います。この時は、緊張気味だった女の子の表情が少し緩みます。犬に水をかけられますが、慌てず傘で避けました。大事なお父さんの傘はしっかり握っています。その後、列車を眺めたり、ドーナツ屋や人形屋の前で思わず立ち止まってしまいます。こどもらしさを感じさせる場面です。大通りも無事に渡って、駅に着き、お父さんを見つけました。うれしさと安堵感からでしょう、満面の笑みです。

お父さんとの帰り道、ドーナツを買ってもらい、大事そうに箱を抱えて帰ります。女の子の赤い傘はお父さんが持ち、大きな黒いお父さんの傘に一緒に入って帰ります。大役を果たし、ごほうびも買ってもらって、充実感いっぱいの女の子の姿がそこにあります。

一方、お父さんからすると、娘が無事にやって来れるか心配だったに違いありません。僕だったら、駅で顔を見たとたん“ぎゅっ”と抱っこしてしまいそうです。もちろん、ごほうびのドーナツもたくさん買ってあげるでしょう。

雨が降ってしまったけれど、幸せいっぱいの帰り道となりました。

関連する絵本

ピエロくん
クェンティン・ブレイク/作
あかね書房
1996年　1,631円（税込）

▲文字の無い絵本です。流れるようなピエロの動きに魅せられます。

ぞうのボタン
うえののりこ/作
冨山房
1975年　840円（税込）

住谷朋人●住谷小児科医院/高松市

75　シェイプ・ゲーム

アンソニー・ブラウン/作　藤本朝巳/訳

評論社　2004年　1,365円（税込）

ママの誕生日に嫌々連れて行かれた美術館で、絵を見ながらいろいろな空想をします。帰りの電車の中でママは「シェイプ・ゲーム」を教えてくれます。

シェイプ・ゲームで遊ぼう！

シェイプ・ゲームでこどもと遊んでみてください。

ルールは簡単です。まず紙と筆記用具を用意します。最初の人が何か形を描きます。次に別の人がその形に何か描き加えて絵を完成させます。つまり、最初の形を見て別の人が絵を描く連想ゲームです。

現代のこどもにはテレビゲームやパソコンなど視覚刺激が強く、またこどもの感性を必要としない遊びが氾濫して問題となっています。しかし、シェイプ・ゲームはこどもの感性そのものの遊びです。実際にやってみると、こども達の感性と発想の豊かさに驚くことと思います。

おとなは、名画というだけで自分が理解できなくても感動した気になってしまいがちです。こども達は視覚に入ってきたものを自分達の感性でそのまま捉えるので、好きなものは好き、嫌いなものは嫌い、わからないことはわからない、と表現します。おとなになってもこどもの感性や素直さを忘れたくないものです。シェイプ・ゲームをこどもと一緒にすることで、おとなも忘れかけていたこども時代の純粋な感性を呼び起こすことができると思います。

この絵本では、いろいろな名画を見て、ほかのことを空想するシーンが続きます。たとえば、ライオンがおりから脱走する絵画を見て、冗談ばかり言っているパパがライオンに襲われることを空想する、という絵がありますが、まさにこれもシェイプ・ゲームです。またアンソニー・ブラウンの絵本では、ほかの作品でも絵の中に隠し事が入っていることがあります。これもシェイプ・ゲームの一つと私は思っています。

関連する絵本

ウィリーの絵
アンソニー・ブラウン/作・絵
なかがわちひろ/訳
ポプラ社
2002年　1,680円（税込）

▲ウィリーが名画に落書きをしました。

どうぶつえんZOO
アンソニー・ブラウン/作
藤本朝巳/訳
平凡社
2003年　1,575円（税込）

▲動物園の動物は幸せでしょうか？

谷村　聡●たにむら小児科/山口県周南市

お父さんと読む絵本

北原文徳●北原こどもクリニック／長野県伊那市

一般的に、お父さんの眼中に絵本はない。「絵本？　男が読むにはちょっと気恥ずかしくない？」そんな照れやプライドが、まずは最初のハードルとなる。

「よし！　今日は父さんが絵本を読んでやるか」そう意気込んで自分の息子（娘）に絵本を開いたとしても、絵本というものに慣れてないから、読みながらどこが面白いのか、お父さんにはさっぱりわからない。絵本は、最低15冊（もしくは同じ絵本を3回）読み込まないと、おとなには「その本当の魅力」が発見できないようにできているのだ。それが忙しい父親の前に立ちふさがる第2のハードル。

そもそも、父親が自分のこどもに絵本を読んであげる時間はない。平日は残業を終えて自宅に帰るのは、夜遅い。こどもらはすでにベッドで夢の中だ。週末は疲れ切っているか、自分自身の趣味の世界で忙しい。それが第3のハードル。かように「お父さんを絵本好きにする」道は険しいのだった。

僕自身、絵本の魅力に気づくのが遅すぎた父親であったから、何だかものすごく損をしたような気がずっとしてきた。世の中の父親たちがもう30分早く帰宅して、寝る前のこどもに2冊の絵本を読む。10分あれば可能な時間だ。たったそれだけで、立派な子育て参加になるし、父と子のかけがえのない貴重なひとときが得られるというのに……。

もっとお父さんに「絵本の面白さ」を実感してほしいぞ！　そう切望するようになった僕は、平成14年7月初めの土曜日の午後、当院待合室で「お父さんのための絵本講座」を開催した。講師はこの僕だ。自作のカラーポスターを地域の図書館に配って回り、市の保健師さんにも宣伝したから、当日は熱心な父親たちで埋め尽くされるに違いないと確信していた。ところが、現実は厳しかった。やって来てくれたのは、うちの息子と同じ幼稚園に通い、同じ TSUTAYA 前から幼稚園バスに乗るこどもの父親 2人 (妻がぜひ来てねと無理やり頼んだのだ) と、毎日薬の注文にやって来る問屋の営業さんが1人。それに、倉科パパの計4人だけだった。

倉科パパは幼稚園の先生で、3人のこどもの父親でもある。本当に絵本が好きな人で、この日初めて僕らは出会った。伊那市役所に勤める宮脇パパとは、妻同士、こども同士が友達で、家族ぐるみのつき合いの中で知り合った。平成16年2月、この3家族が連れだって泊まりでスキーに出かけたのだ。その晩、こどもたちを寝かすために、3人の父親が変わりばんこに

263-00439

「伊那のパパ's絵本ライヴ」は今日も行く！

登場して絵本を読んだ。自分のこども以外の子に絵本を読むのは、すごく新鮮な体験だったし、他の父親が絵本を読み聞かせする様子を初めて見ることができ、これはとても勉強になった。それまでは絵本に興味のなかった宮脇パパも刺激を受けたようだ。

その１カ月後のことだ。東京の「パパ's 絵本プロジェクト」の父親３人が、伊那市立図書館にやって来て、絵本を読むという。メンバーの一人、田中パパからもメールがきた。「内田麟太郎さんのHPから、北原さんのサイトに行き着きました。今度、伊那市に行きます。つきましては、ぜひいっしょに絵本を読みましょう！」という、うれしいお誘い。僕は前日に飲み会を設定し、東京の3人のパパたちを伊那の地元パパたちが迎撃した。僕らはすっかり意気投合し、飲み会は大いに盛り上がったのだった。

翌日、東京のパパたちが絵本を読む姿を見て、ぼくは心底ビックリした。安藤パパは、登場するなり突如ギターでビートルズの“Black Bird”を歌い始めたかと思ったら、ギターケースから『カラス』（とだこうしろう、戸田デザイン研究室）を取り出して読み始めたのだ。最後には、映画『I am Sam』の主題歌“Two of us”を3人で合奏した。歌は決して上手くはない。でも、すっごく格好良かった。型破りだけれど、何だかとても楽しそうじゃないか！

そこで、僕らも東京の「パパ's 絵本プロジェクト」を見習って、翌月から伊那のオヤジたちによる絵本の読み聞かせを始めた。歌ありパフォーマンスありの楽しい会だ。3人のメンバーに加えて、強力な助っ人が参加してくれることになった。東京のパパ's のお話会を見に来て「僕も参加します！」とメールをくれた小学校教諭の伊東パパと、もと出版社の営業マンで、現在はこどもの本屋を営む坂本パパだ。こうして「七人の侍」ならぬ「五人の絵本パパ」が誕生したのだった。

あれから１年が経つ。おかげさまで、われわれ「伊那のパパ's 絵本ライヴ」も12回を数える。来月も、再来月もオファーが入っている。ライヴを重ねるごとにメンバーはスキルアップして、どんどん上手くなってきた。取り上げる絵本は不思議と重ならない。パパたちそれぞれの独自路線が確立されつつあるのだ。とは言え、ウンコやおならの絵本、落語や時代劇の絵本が、こどもたちにはやっぱり受ける。時には、お笑い芸人に扮することだってある。受けるためなら努力を惜しまないパパたちであった。

心の平和のために

76　スーホの白い馬

大塚勇三/再話　赤羽末吉/画

福音館書店　1967年　1,260円（税込）

モンゴルには、馬頭琴（ばとうきん）という楽器があります。この楽器がどうして生まれたのか。ひろい草原の遊牧民の物語です。

講義の前に絵本を読む

数年前から、大学で保育学の講座を担当しています。最初の講義は絵本の話からはじめます。その時に持って行く本は10冊です。年によって少しずつ変わりますが、次の7冊はいつも同じです。

『スーホの白い馬』、『ちびくろ・さんぼ』、『ぐりとぐら』、『おおきなかぶ』、『どろんこハリー』、『ひろしまのピカ』、『よあけ』。

これらの本を教壇に並べ、学生にこどもの時に読んでもらった本をたずねることからはじめます。その2冊以外は必ず学生に声を出して読んでもらいます。最後に私が『ひろしまのピカ』、そして『よあけ』を読み、読み終えたら、「今日はこれで終わります」の一言。

『スーホの白い馬』は、縦23cm、幅31cmの横長の絵本です。広げると62cmのモンゴル草原のパノラマが展開されます。すべての絵が見開き一杯に描かれていて、ページのはしからはしまで眺めるには、ぐるりと頭を回さなければなりません。物語はモンゴルの民話に基づいていますが、深い教訓を含んでいるように感じます。

これらの本のうち『ちびくろ・さんぼ』は1988年に一度絶版になっています。いろいろな差別があるというのがその理由のようです。その後、『ちびくろさんぽ』という題名で犬を主人公にした本が出ています。物語の展開が面白いのでしょう。私の医院では大変な人気で、ひんぱんに買い替えています。『ぐりとぐら』は『ちびくろ・さんぼ』の影響を受けているように感じています（『ちびくろ・さんぼ』は2005年に復刊されました）。

『ひろしまのピカ』、『よあけ』は、小学校の高学年の児童に読んでもらいたい本です。『よあけ』は心が洗われるような絵本。私の大好きな絵本です。

関連する絵本

ちびくろ・さんぼ
ヘレン・バンナーマン/文
フランク・ドビアス/絵
光吉夏弥/訳
瑞雲舎
2005年　1,050円（税込）

よあけ
ユリー・シュルヴィッツ/作・画
瀬田貞二/訳
福音館書店
1977年　1,260円（税込）

岡藤輝夫●岡藤小児科医院/兵庫県姫路市

263-00439

77　島ひきおに

山下明生/文　梶山俊夫/絵　偕成社　1973年　1,470円（税込）

島に一人住む孤独な鬼は、人恋しさにこう呼びかけます。「おーい、こっちゃきて　あそんでいけ！」 しかし、小心な人間どもは鬼をいとも簡単に裏切ります。それでもやっぱり、「ちょんびり　ちょんびり」からだを伸ばし島を引きながら、海の中を友達を求めて、沖へ沖へと、鬼は歩いてゆくのでした。

まわりの人達とは違う自分を認めてあげること

児童精神科医・高岡　健先生の「引きこもりを恐れず」という講演を聴きながら、ふと思ったのです。引きこもりって「三年寝太郎」と同じなんじゃないかなって。人間として熟成するためには、無駄な時間も必要なのです。

有名なレオ・レオニの『フレデリック』も同じことを言っているのかもしれないな。

小学校の1クラスに一人はいると考えられている軽度発達障害児のうち、高機能自閉症もしくはアスペルガー症候群と診断されたこども達は、「9歳の壁」を越えると「心の理論」と呼ばれる、相手の気持ちになって物事を考える能力が、遅ればせながら備わってきます。その時になって彼らは初めて「自分はどうも、世間の人々とはちょっと変わっている人間みたいだ」ということに気づきます。友達が欲しいのに、周囲の人間はなかなか自分のことを理解してくれない。最悪の場合、異質なものは排除しようとする陰湿な「いじめ」に発展することもあります。

大切なことは、まわりの人達と違う自分はダメな人間だと否定的にとらえるのではなくて、『やっぱりおおかみ』の主人公のように「ぼくは、オオカミのままでいいんだ」という自己肯定感を持つことです。もちろん、彼のまわりの家族や学校の先生、それにクラスメート達が、温かく彼のことを認めてあげることも重要です。ちょうど『フレデリック』の仲間のネズミ達のようにね。

そうすれば、『島ひきおに』の辛く悲しい思いは、もう二度と繰り返されることはないでしょう。

関連する絵本

やっぱりおおかみ
ささきまき/作・絵
福音館書店
1977年　840円（税込）

フレデリック
ちょっとかわったねずみのはなし
レオ・レオニ/作
谷川俊太郎/訳
好学社
1969年　1,529円（税込）

北原文徳●北原こどもクリニック/長野県伊那市

78　やっぱりおおかみ

ささきまき/作・絵　福音館書店　1977年　840円（税込）

仲間と認めてもらえず「け！」と捨てぜりふをはいては、また別の場所で仲間を探すおおかみの子。「け」のおおかみとも呼ばれています。

孤独なおおかみが見つけたアイデンティティー

佐々木マキさんが、自分の絵本のベスト１を尋ねられたとき『やっぱりおおかみ』をあげていました。１９７３年、今から３０年以上前、月刊絵本「こどものとも」に初めて書いた絵本。今ならもっとうまく描けるけど、この味は出せないだろう、というのがその理由でした。

おおかみがいなくなってしまった世界。たった一匹生き残ったおおかみの子が「おれに似た子はいないかな」とうさぎの町やぶたの町をウロウロします。うさぎやぶたは、どの顔も全く同じで区別のつかない没個性の群衆。草食動物の集団に受け入れられず、結局は「け」と悪態をついて出ていくおおかみの子。その姿は、目鼻もない真っ黒なシルエット。自分の姿を映しだしてくれる仲間がいないことが、アイデンティティーの欠如につながっている様子が伝わってきます。

最後に「やっぱりおれはおおかみだもんな　おおかみとしていきるしかないよ」という自己肯定感にたどりついたらしい結末にホッと暖かい気持ちがわいてきます。

親世代にとってはアイデンティティーをテーマとした作品とも受け取れ、こども達は「け」の連続に大笑いしながら引き込まれていきます。

佐々木マキさんの作品には『ねむいねむいねずみ』や『ぼくがとぶ』など、仲間がいない孤独な主人公が多いのですが、その一人ひとりがしっかりと安定した自己を持っているのが魅力的です。

関連する絵本

あな
谷川俊太郎/作　和田 誠/画
福音館書店
1983年　840円（税込）

▲「これはぼくのあなだ。」最後のヒロシくんのセリフは他でもない自分ができたことへの自負と自信を感じさせ、すがすがしいです。

わたし
谷川俊太郎/文　長 新太/絵
福音館書店
1981年　880円（税込）

▲わたしって？　他の人からみると、いろんな「私」がいる。アイデンティティーをうまく表現した絵本です。

高田　修●たかだこども医院/宮城県宮城郡

263-00439

79　みにくいシュレック

ウイリアム・スタイグ/文・絵　おがわえつこ/訳

セーラー出版　1991年　1,575円（税込）

無敵で傲慢なみにくいシュレックが、魔女のお告げで旅を続けて、最後は王女と結ばれます。

原作を読もう！

言わずと知れた映画『シュレック』の原作です。この絵本を読むと、いかに原作と映画が違うものか思い知らされます。映画では派手な色調で、かつシュレックがかわいくなっており、そのうえきれいなお姫様、最後に倒される強敵を登場させて、美談・勧善懲悪主義の無難なストーリーになっています。

しかし、原作は無敵で傲慢な「みにくいシュレック」が旅を続けて「みにくい王女」と結ばれるという、こどもに夢を与える絵本の題材にするには一見奇想天外な話です。しかし、ウイリアム・スタイグの優しい色彩とストーリー展開の良さで、傲慢なシュレックに対して不快感が湧いてくることは全くなく、かえって爽快感さえ感じてしまいます。原作を読むと、こんなに改変した映画だったのか、と少々驚いてしまいます。

映画の『シュレック』のように、映画やテレビでは原作からかけ離れた演出が多いものです。映画やテレビだけで満足していると、せっかくの原作の素晴らしさ、奥深さを知らずに終わってしまうこともあります。ですから、ぜひ原作を読むことをお勧めします。特に絵本が原作になっているものは、ぜひ親子で読んでみましょう。きっと映画やテレビ以上に親子で感じるものがあるはずです。映画やテレビの制作者は、原作に感動して作品を制作しているのですから。

関連する絵本

グリンチ
ドクター・スース/作・絵
いつじあけみ/訳
アーティストハウス
2000年　1,575円（税込）

▲映画の「グリンチ」は原作通りに作られています。

急行「北極号」
C・V・オールズバーグ/絵・文
村上春樹/訳
あすなろ書房
2003年　1,575円（税込）

▲サンタクロースにまつわる、幻想的なお話。

谷村　聡●たにむら小児科/山口県周南市

80　戦火のなかの子どもたち

岩崎ちひろ/作　岩崎書店　1973年　1,470円（税込）

画家の仕事場にある赤いシクラメンの花。そのすきとおった花びらに、画家は戦争で死んでいったこどもたちを重ね合わせます。

静かに語りかける戦争と平和

いわさきちひろには、たくさんの作品がありますが、「1冊を選べ」と言われれば，ぼくは迷わずにこの絵本を選びます。

絵本の中で語られるテーマは多様です。この絵本には、絵と文の間に深い思いが込められています。あたかも一編の詩のようです。

短い言葉と絵からさまざまなイメージが広がります。小さなこどもにはむずかしいかもしれませんが、こどもたちに伝えたいメッセージがつまった絵本です。ぜひ親子で読み合っていただきたいと思います。

いわさきちひろにとって、戦争をどう描くかはきっとずっと考えていたテーマだったのだろう、と思います。

表紙の女の子、風の中をかけて行ってしまった少年、ぼうやといっしょに燃えてしまった母さん、雨の中に座っている少女……。ぼくには『風の谷のナウシカ』がだぶります。宮崎　駿はナウシカに「やめて！　殺さないで！」と叫ばせました。いわさきちひろはあくまでも静かに語りかけます。

棄てたはずの戦争をまた始めようとしているこの時代に、いわさきちひろや宮崎　駿の作品には、とても強いメッセージを感じます。

関連する絵本

ぼくの見た戦争
―2003年イラク
高橋邦典/写真・文
ポプラ社
2003年　1,365円（税込）

▲ちひろ没後30年に日本絵本賞大賞を受賞した写真絵本。イラク戦争の現実を静かな語り口で伝えます。

せかいいち　うつくしい　ぼくの村
小林 豊/作
ポプラ社
1995年　1,260円（税込）

和田　浩●健和会病院/長野県飯田市

263-00439

81　アンナの赤いオーバー

ハリエット・ジィーフェルト/文　アニタ・ローベル/絵　松川真弓/訳

評論社　1990年　1,365円（税込）

戦後すぐの物資が欠乏した時代に、こどもの服を手に入れる道のりを描いたお話です。

本当に必要なものを手に入れるまで

事実に基づいたお話のようです。最初にモデルの母と娘への献辞があります。

お話は、アンナのオーバーが小さくなってしまったところから始まります。着せてみて、袖も丈も身幅もどれも足りないことを確認して、お母さんの切なそうな顔が洋服ダンスの鏡に映っています。戦争が終わったら、新しいオーバーくらい買えると信じてた。でも、戦争は終わったのにお店はからっぽ。お金もない。お父さんもいない。

でも、どこの国でもお母さんはたくましい。自分にできることをつなげて、必要なものは手に入れます。お百姓さんに、羊毛と金時計を取り替えてくれるよう頼む。アンナもできることをします。干草を羊に食べさせ、クリスマスにはプレゼントを持って行き、クリスマスキャロルを歌う。

羊毛をとかすのは自分たちでして、糸につむぐのはランプと引き換えにおばあさんに頼む。糸を染めるのは、染料のコケモモつみから自分たちで。織ってもらうのはネックレスと引き換え、仕立ててもらうのはティーポットと引き換え。

やっとオーバーが出来上がった時には、もうすぐクリスマス。関わってくださった皆様をお招きして、オーバーの披露も兼ねたクリスマス・パーティー。おとなが言い合った「こんな素敵なクリスマスは、まったく久しぶり」の言葉の重いこと。アンナのスカートが１年間を通して１枚きりで、丈もどんどん短くなっていくのもきちんと描かれています。

１枚の服が自分の所に来るまでに、どのような作業があるのか、どれだけの人や自然が関わっているのかを知ることは、今のこども達にとても意味があることだと思います。洋服に興味を持ち始めたこども達に特にお勧めします。

関連する絵本

わたしのスカート
安井清子/文・写真　西山 晶/絵
「たくさんのふしぎ」2004年11月号
福音館書店
700円（税込）

▲ラオスの山に暮らすモン族の女の子が、麻の種をまくところから始めて、スカートを作ります。

ペレのあたらしいふく
エルサ・ベスコフ/作・絵
おのでらゆりこ/訳
福音館書店
1976年　1,155円（税込）

▲こちらは男の子が主人公。材料は自分の育てている羊の毛です。

多田香苗●明和病院/兵庫県西宮市

82 絵で読む広島の原爆

那須正幹/文　西村繁男/絵

福音館書店　1995年　2,730円（税込）

被爆者の正確な証言に基づいて広島の悲劇を伝えた絵本です。

広島で起こったことを忘れないように

新潟で西村繁男さんの原画展があった時、『やこうれっしゃ』などでよく知られた乗り物の絵に混じって原爆の絵が紹介されていたようですが、行きそびれているうちに会期が終わっていました。

その後、この絵本に出会ったのは、息子が原爆の自主研究のために図書館から借りてきた時でした。文章は、『ずっこけ三人組』の那須正幹さんです。原爆・戦争の悲惨さ、それを乗り越える未来が、広島に暮らす人々とともに描かれています。

たった６０年前の日本でこのような悲惨な戦争が起きたのに、感情的にならず、核兵器の原理や放射線障害などの知識、日本が戦争にのめり込んだ背景、そして、広島であの日に本当に起こったことを、正確な文章で伝えています。絵も丹念に描かれていて、大型絵本が生きています。

絵本の最後は、こんな言葉で締めくくられています。

「毎年、毎年、繰り返し、繰り返し、わたしたちは、あの日のことを思い出そうではありませんか。たとえ被爆の体験がなくても、あの日、広島で起こったことを記憶して、絶対に忘れないことが、残されたもののつとめだと考えるからです。」

関連する絵本

やこうれっしゃ
西村繁男/作
福音館書店
1983年　840円（税込）

▲ほんの少し昔、この電車で帰省したりスキーに行ったのですね。

ひろしまのピカ
丸木 俊/文・絵
小峰書店
1980年　1,575円（税込）

▲広島で何があったのか。圧倒的な迫力をもって胸にせまってくる絵です。「二度と繰り返してはならない」という願いがこもっています。

荻田安時●おぎた小児科医院/新潟県柏崎市

263-00439

83　あいうえおの き

レオ・レオニ/作　谷川俊太郎/訳

好学社　1979年　1,529円（税込）

「これが　あいうえおの　き　だよ」「どうして　あいうえおの　きって　いうの？」というアリ同士の会話から始まります。「文字」が主人公のお話です。

「ほんとうにだいじなこと」って何？

はっぱからはっぱへ飛び移りながら暮らしていた文字たちは、一人ひとりでは風に吹き飛ばされてしまうけれど、並んで言葉になれば吹き飛ばされなくてすむことを学びます。

そこへやってきた毛虫が「文を作ってだいじなことを言わなきゃ」と言います。文字たちは「ほんとうに　だいじな　ことは　なにか」と一生懸命相談したあげく、「ちきゅうにへいわを　すべてのひとびとにやさしさを　せんそうはもうまっぴら」という文章を作り、毛虫の背中に乗って大統領の所へ行く……というお話です。

『スイミー』もそうですが、「みんなで力を合わせよう」というメッセージは、もしかしたら「ちょっと鼻につく」と感じる人もいるかもしれないなあと思いつつ、この本のストレートなところがぼくは好きです。

この本の原書を読んでみました。そうしたら毛虫に乗って大統領に届けに行く言葉は、“peace on earth and goodwill toward all men”なのです。「せんそうはもうまっぴら」は訳者の谷川俊太郎が付け加えた言葉なのでしょう。谷川俊太郎はぼくの大好きな詩人です。レオ・レオニの思いを汲んでこう訳したのでしょうか。そこのところもぼくはとても気に入っています。

関連する絵本

スイミー
レオ・レオニ/作　谷川俊太郎/訳
好学社
1969年　1,529円（税込）

▲大きな魚にきょうだい達を食べられてしまったスイミーは、小さな魚達を集めて大きな魚を追い出します。

ペツェッティーノ
レオ=レオニ/作　谷川俊太郎/訳
好学社
1978年　1,529円（税込）

和田　浩●健和会病院/長野県飯田市

263-00439

絵本のある風景……⑪

絵本がおとなへ伝えてくれること

高田　修●たかだこども医院／宮城県宮城郡

「心臓病の子どもを守る会」という患者さんとその親御さんの会があります。大学病院でこどもの心臓を主に診療していたためか、その宮城県支部の茶話会に呼ばれてお話をすることになりました。とはいっても、開業して約５年経ち、重い心臓病の診療からは全く離れてしまい、専門的な病気のお話は不可能です。そこで「開業医から伝えたいこと」と題して、予防接種や事故予防など、ふだんの診療や介護に隠れて忘れられてしまいがちなお話をすることにしました。

そんな時、東京都文京区吉村小児科の内海裕美先生から「『かみさまからのおくりもの』（こぐま社）を紹介してみては？」というアドバイスをいただきました。ちょうど日本小児科医会の「子どもの心研修会」に出席して感銘を受けた直後でもあり、こどもの心の発達について、地域へ思いを伝えたい、と思っていた時期でもありました。赤ちゃんには生まれつきの「気質」というのがあり、それを大事にしてあげてほしいという願いを説明するのにも、この絵本はたいへん良いと思いました。

当日──。お子さんを病気から切り離すのではなく、病気をも含めた、ありのまま全部を愛してあげてください、という気持ちをこめて、この絵本を読みました。

赤ちゃんが生まれる時、神様は一人ひとりの赤ちゃんに贈り物をくれます。ほっぺの赤い赤ちゃんには「よくわらう」。大きい赤ちゃんには「ちからもち」。そして、泣いている赤ちゃんには「歌が好き」。よく動く赤ちゃんには「よく食べる」。すやすや寝ている赤ちゃんには「やさしさ」を。

こども達の病気と毎日向き合っているお母さん達へ、うまく言葉にできないメッセージが、絵本を読むことで伝わったのではないかと思います。

この経験から、絵本が言葉だけでは表しきれない「情」の部分を伝える良いツールであることに気づき、いろいろな場面で使わせてもらっています。

町の保育士さん達にお話をさせてもらった時は、もうふやぬいぐるみに執着する幼児の心理状態の説明に、『もうふ』（冨山房）や『ジェインのもうふ』（偕成社）、そして『よるくま』（偕成社）を紹介しました。会場には、実際にぬいぐるみに執着する我が子に不安を抱いて

263-00439

いた保育士さんもいて、「大丈夫ですよ」というメッセージを伝えることができました。

また、校医をしている小学校で「軽度発達障害」をテーマにお話をした時は、学習障害（LD）の説明に『ありがとう、フォルカーせんせい』（岩崎書店）、注意欠陥多動性障害（ADHD）の説明に『オチツケオチツケこうたオチツケ』（岩崎書店）を紹介しました。こうたくんのお母さんがお医者さんに「よくがんばってきましたね」とねぎらわれる場面では、涙ぐむ母さんもいました。このようなこども達が「困った子」ではなくて「困っている子」であり、それに「気づいたおとな」が「支援」する必要性を伝えることができました。

最近では，診察室にも絵本を持ち込んで、乳児健診などの機会を利用して『のせてのせて』（童心社）や『てんてんてん』（福音館書店）など、どんな絵本に小さなこども達が興味を示すのか、お母さん達へ説明しています。

絵本の持つ力を、いろいろな場を利用して、もっともっと伝えていきたいと思います。

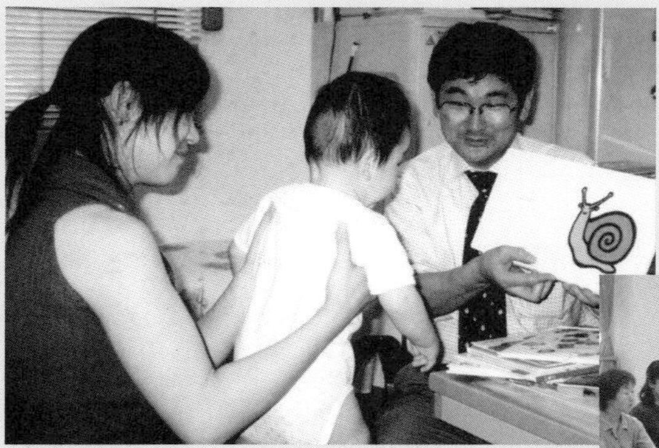

乳児健診で絵本を読む

医療相談会で絵本を読む

メリークリスマス

84　聖なる夜に

ピーター・コリントン/作　ＢＬ出版　2000年　1,365円（税込）

「字のない絵本」ですが、文章はなくても、ちゃんと読み聞かせはできますよ。こどもと一緒に絵を見ながら、あれやこれや親子の会話を楽しめばよいのです。

イギリス版「かさじぞう」のお話

クリスマス・イヴの寒い朝です。村はずれのトレーラーハウスで一人目覚めた、しわだらけのジプシーのおばあさん。ストーブの薪も切れ、食料もパン一切れ残っていませんでした。財布代わりの鍵付きの木箱を開けても、お金は一銭もありません。仕方なくおばあさんは、アコーディオンをかついで、街まで営業に出かけるのでした。

さて、それから……。

東方から星を頼りにやってきた3人の博士がいい味を出しています。生まれたばかりのイエスさまに捧げるはずの「黄金」と「乳香」と「没薬」の3つの贈り物を、質屋に売ってしまうのです。羊飼いは、財布代わりの木箱を取り返し、ヨセフさまは、もみの木を切ってきて、クリスマスツリーにし、穴の開いたトレーラーハウスの木の床を修繕するのでした。

最後のページで、クリスマスの星が輝いています。しずかなしずかな夜でした。

渋い色合いと、細密なタッチが実に味わい深い絵本です。この本は、作者ピーター・コリントン自身の母親に捧げられています。なるほど、そういうワケだったんですね。

皆さまも、どうぞよきクリスマスをおむかえください。メリー・クリスマス！

関連する絵本

さみしがりやのサンタさん
内田麟太郎/作
沢田としき/絵
岩崎書店
2004年　1,365円（税込）

▲サンタさんだって、何かを待っていたんだね。

きのいいサンタ
さとうわきこ/作・絵
金の星社
1983年　1,365円（税込）

▲サンタさんに、ばばばあちゃんみたいな奥さんがいたとは驚きです。

北原文徳●北原こどもクリニック/長野県伊那市

85　急行「北極号」

クリス・ヴァン・オールズバーグ/作　村上春樹/訳

あすなろ書房　2003年　1,575円（税込）

サンタを信じるこどもがクリスマス・イブの夜に急行「北極号」に乗って旅をするお話。こどももおとなも関係なく、信じ続けることの大切さを改めて思い起こさせてくれる1冊です。

ポーラー・エクスプレスよもう一度

　僕がこの絵本と出会ったのははるか遠い記憶なので、きっと河出書房新社の絵本だったのでしょう。クリスマスにまつわる絵本は多くありますが、この絵本が記憶に強く残っているのは、強烈なリアリティーをともなった夢のような絵のタッチのためです。

　その絵は、魔法を現実であると読む者を信じさせるに十分なエネルギーに満ちていました。その絵からは、汽車の音が聞こえてきました。汽笛の音、ガタンガタンと線路を走る音、ブレーキのきしむ音……。またある絵からは、山を走る狼の臭いを感じ取ることができました。狼たちが呼吸する冷たい空気の温度までこちらに伝わってくるのでした。

　こうした記憶がわっとよみがえってきたのは、息子にこの新しい版の絵本をプレゼントしたからでした。映画『ポーラー・エクスプレス』の存在を知り、その瞬間に原作を思い出しました。実家に飛んで帰って昔の僕の部屋に駆け上がり、古い絵本をしまってある押し入れのダンボールを片っ端から調べましたが、この絵本は見当たりませんでした。

　村上春樹はとても言葉を大切にする訳者です。今となっては自分が読んだ時とどこが違うのか調べるすべもありませんが、本の最終ページでおとなになっても鈴の音が聞こえるというシーンは何度読んでも心が震えてしまいます。

　先日、映画版『ポーラー・エクスプレス』にも足を運びました。ロバート・ゼメキス監督が彼なりのアレンジで、急行「北極号」のイメージを壊すことなく映画の形に翻訳していました。映画は映画でとても楽しめる内容であったことを補足しておきます。

関連する絵本

さむがりやのサンタ
レイモンド・ブリッグズ/作・絵
すがはらひろくに/訳
福音館書店
1974年　1,260円（税込）

▲センスのよさが伝わってくるエスプリのきいた絵本です。

ロッタちゃんと クリスマスツリー
アストリッド=リンドグレーン/作
イロン=ヴィークランド/絵
やまむろしずか/訳
偕成社　1979年　1,680円（税込）

▲悪態をつく愛すべきロッタちゃんが大活躍するクリスマスのお話です。

杉原　桂●多摩センター北口田村クリニック小児科/東京都多摩市

86　ゆめのゆき

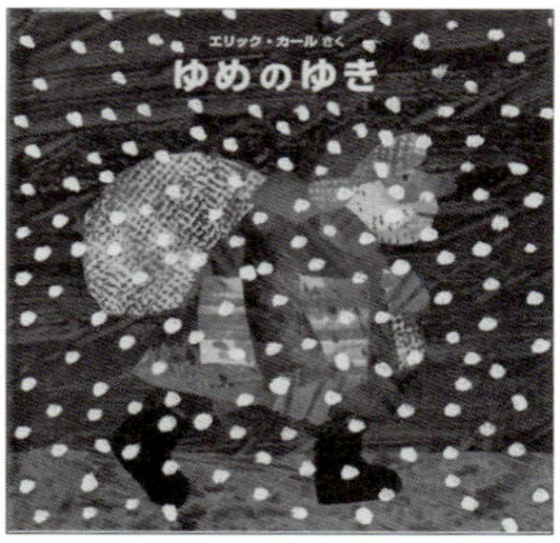

エリック・カール/作　あおきひさこ/訳

偕成社　2002年　2,520円（税込）

こ〜んなにどか雪が降って、真っ白い毛布にスッポリ辺りが覆われたような日は、『ゆめのゆき』の読み聞かせがピッタリです。

サンタさんと動物と木が登場するクリスマス絵本

白く輝く雪の反射は、人の心を普段よりウキウキさせてくれます。

純白な心を持ったこどもと犬だけが、はしゃいでいるのでしょうか？

こんな日、私の心には詩が生まれます。

小さな農場に住むおじいさんが、納屋に5匹の動物を飼っていて、イチ、ニイ、サン、シィ、ゴーという名前を付けていました。このおじいさん、実はサンタさんだったのです。

ある晩、サンタさんの夢の中に雪が降ってきます。雪は透明なフィルムに白く印刷されていて、イスで眠るサンタさんにフィルムをかぶせると、白い雪の毛布がすっぽりとサンタさんを隠すしかけになっています。不思議な名前の5匹の動物達も、雪で隠されています。透明なフィルムをめくると、動物の正体が判明するというアイデアです。先にめくるか？　あとでまたかぶせるか？　おはなし会の公演の前に研究しました。結局、半分めくることにしました。

動物達を番号で呼ぶなんてけしからん！と苦言を呈した親達も、このカラクリで納得するでしょう。しかも、皆にちゃんとクリスマス・プレゼントするんですから、優しいサンタさん！

最後のページのオルゴール用ボタンを押すのは、誰の権利？　こども達は、われもわれもと押し寄せて、素敵な音色に耳を傾けます。何回も、何回も。

銀色の世界に心を奪われてしまった日は、是非読み聞かせてあげてください。こどもとおとなの気持ちがスッポリと自然に包まれて、素晴らしい笑顔が生まれますよ。

関連する絵本

ちいさなもみのき
マーガレット・ワイズ・ブラウン/作
バーバラ・クーニー/絵
かみじょうゆみこ/訳
福音館書店
1993年　1,155円（税込）

まどから★おくりもの
五味太郎/作
偕成社
1983年　1,050円（税込）

杉山和子●杉山内科小児科医院/山口県防府市

263-00439

87　やまあらしぼうやのクリスマス

ジョセフ・スレイト/文　フェリシア・ボンド/絵　みやちとしこ/訳

グランまま社　1996年　1,365円（税込）

もうすぐクリスマスです。どうぶつ学校のこども達は「キリスト誕生劇」の練習に忙しい日々が続いていました。でも、やまあらしのこどもだけは、仲間はずれにされていたのです。

親子だからすべてを認め、許せる

12月に入ると、息子が通う天使幼稚園ではクリスマス会に上演する「キリスト生誕劇」の練習が始まります。長男が初めて出演した時からもう５年。今年は羊飼いを演じることになった年長組の次男にとって、それから、僕ら両親にとっても最後の生誕劇です。

「とんとんとん、やどやさん。どうか一晩泊めてください。とんとんとん、とんとんとん」もうすっかり歌まで憶えてしまいましたよ。

ここ「どうぶつ村」でも生誕劇の準備が始まりました。でも、やまあらしぼうやにだけ役がありません。みんなにいじめられて落ち込んだやまあらしぼうやを、おかあさんはぎゅうっと抱きしめてこう言います。「ぼうやはおかあさんの心を照らすひかりだよ」と。

「ぼくはおかあさんの心のひかりなんだ！」やまあらしぼうやはうれしくなりました。

そして……。

やまあらしの親子がぎゅうっと抱きしめ合ったら、トゲが刺さってお互いに痛いに違いありません。でも、それが親子なのです。親子だからすべてを認め、すべてを許せるのです、絶対に。そうに違いありませんよね。

関連する絵本

おおきいツリー　ちいさいツリー
ロバート・バリー/作
光吉夏弥/訳
大日本図書
2000年　1,365円（税込）

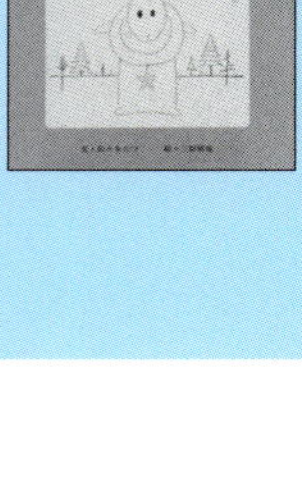

子うさぎましろのお話
佐々木たづ/文
三好碩也/絵
ポプラ社
1970年　1,050円（税込）

北原文徳●北原こどもクリニック/長野県伊那市

263-00439

88 クリスマスの三つのおくりもの

林 明子/作　福音館書店　1987年　1,351円（税込）
【全3冊】

林 明子さんの、手のひらサイズのかわいい絵本が3冊入っています。3人きょうだいのれいちゃん、もっくん、かすみちゃんのそれぞれのクリスマスが描かれています。

絵本をクリスマスプレゼントに

林 明子さんが文と絵を一人で担当した絵本の代表は『こんとあき』だと思いますが、この『クリスマスの三つのおくりもの』も、文と絵を一人で描いています。縦11cm横12cmのミニ絵本で、緑色がベースの『ふたつのいちご』、青の『サンタクロースとれいちゃん』、赤の『ズボンのクリスマス』が3冊セットになっています。

以前、私の医院ではクリスマスイブ前後3日間は手作りの手提げ袋にお薬を入れ、ミニ絵本を手渡しするプレゼントをしていました。お母さんとこどもの好みに合わせて、ディズニーのミニ絵本や、働く車、きかんしゃトーマスだったり。そして、ミッキーマウスやロックウェルのクリスマスカード……。

絵本の好きなお母さんには、林 明子さんのミニ絵本セットをバラにしてプレゼントしました。どれも優しくって、ほのぼのとして、綺麗な絵で、文句なしです。悲しい場面が一つもないので、涙が出なくてすむのがよいですね。『ズボンのクリスマス』の終わりには、おそらく林 明子さんが作詞・作曲された『クリスマスのおおさわぎ』もあるので皆で歌えます。

関連する絵本

クリスマス・イブのおはなし
【全3冊】
長尾玲子/作
福音館書店
1995年　1,800円（税込）

サンタクロースっているんでしょうか？
中村妙子/訳　東 逸子/画
偕成社
1977年　840円（税込）

荻田安時●おぎた小児科医院/新潟県柏崎市

263-00439

89 MAGIC CANDY DROP 魔法のドロップ

まつだゆきひさ/文　くろだやすこ/絵　いわもとあや/英訳

石風社　1999年　1,575円（税込）

車いすのけんちゃんは、アリさんの招待で、土の中へ。楽しく遊んでいたのに、地下のギャングのモグモグがやってきた。けんちゃんは、勇敢にもモグモグに立ち向かい大活躍。アリさんたちを助けて、お礼にドロップをもらいます。

小児科医が書いた絵本

「ねえ、看護婦さん、アリさんの家ってどうなっているのかなあ？」

「行ってみたい？」

「うん。でも、先生、外出許可証を出してくれるかなあ。」

といったような、看護婦さんと男の子の会話をもとにして書いた絵本です。

主人公は車いす生活をしているケンちゃん。毎日の散歩の途中で仲良くなったアリから魔法のドロップをもらいます。それをなめると、ぐんぐん小さくなり、アリの家の中に招かれて、一大冒険の始まり。もぐらからアリの家を守ったケンちゃんに、アリから青いドロップがプレゼントされます。そのドロップを冬のあいだ食べていたケンちゃんは、春になり自分の足で歩けるようになり、無事退院して、学校に通えるようになるというストーリー。

誰もが、一度は土の中のアリの家に行ってみたいと思ったことはあると思います。そんなこどもの思いを、絵本に託しました。文は小児科医である筆者、絵はがん患者、英訳をダウン症の女性が担当しています。彼女が英語が得意であることから、筆者の外国の友人達用に英訳を頼んだのです。講演会で英訳のスピーチをしたことが反響を呼び、英訳をつけて出版することとなりました。彼女は、海外でもダウン症の国際会議などで活躍していて、童話についての英語でのスピーチは好評を博しています。

関連する絵本

天にかかる石橋
まつだゆきひさ/文
くろだやすこ/絵
石風社
1998年　1,260円（税込）

どろぼうサンタ
まつだゆきひさ/作
くろだやすこ/絵
一麦福祉会
1996年　1,020円（税込）

松田幸久●まつだこどもクリニック/鹿児島県鹿屋市

263-00439

絵本のある風景……⑫

クリスマス会から生まれた絵本

松田幸久●まつだこどもクリニック／鹿児島県鹿屋市

私の勤務医時代、小児癌などのこども達のターミナルケアのために院内保育を考えていた時に、読み聞かせをしたいという二人の女性が私を訪ねてきました。そのうちの一人が黒田康子さんでした。

それから月に1度の読み聞かせ会が始まりました。病棟のスタッフの仕事の邪魔にならないようにと、土曜日の午後に、絵本を読み聞かせたり、童謡を歌ったり、お絵描きなどをしているうちに、こども達も楽しみにするようになりました。

クリスマス会をしようともちかけた時、「先生、私が絵を描きますから、クリスマスのお話を作りませんか！」と、彼女が提案してきました。「やってみましょうか」と、簡単に引き受けてしまったのですが、なかなかアイデアが浮かびません。ある日、出張先で、切羽詰まって浮かんだのが『どろぼうサンタ』でした。その後もクリスマスが近づくたびにお話作りが始まり、3つの作品ができました。こども達の前では、紙芝居やスライドで読み聞かせをしました。

出会ってから4年目のある日、いつも黒田さんと一緒に来られる女性の方から、黒田さんの体調が悪いことを聞きました。彼女は癌だったのです。亡くなるまでの時間をこども達と過ごしたいということで、この読み聞かせ会を思いついたとのこと。そして、今の彼女の生きがいは絵を描くことだと聞かされました。そこで、もう一つ、話を書こうと決心したのです。そうしているうちに、彼女からスケッチブックが届きました。私があまり原稿が書けなくて、いらいらしていたのかもしれません。タイトルが『魔法のドロップ』でした。

「先生がなかなか原稿をくださらないので、描いてみました」と、めがねの奥の瞳が笑っていました。

さて、クリスマスが近づくのに、なかなか作品づくりが進みません。そしてふっと思いついたのが、鹿児島の石橋の話でした。取り壊される石橋を、せめて絵本の中にだけでも、残そうと思ったのです。

その頃、彼女はホスピスに入所していました。癌も全身に転移し、腕もかなりの痛みがあり、なかなかペンも持てないとのことでした。今度はもう無理かなあと思っていた時に、スケッ

263-00439

チブックが届きました。
　それを開いた時、懐かしい童謡が聞こえてきました。絵には、夕焼けに映える石橋の上を、こども達が家に帰っていくところが描かれていました。思わず、「ゆうやけ　こやけで　日がくれて……」と口ずさんでしまいました。
　次のページを開いてみました。川沿いをランドセル姿で走るこどもと、それと競走するように泳ぐめだかの群れ。「めだかのがっこうは　かわのなか……」。
　この話のタイトルを、『天にかかる石橋』として、黒田さんの入所中のホスピスと、私の勤務先の病院のクリスマス会で、読み聞かせをしました。歌のボランティアの歌手の方も、ページごとに童謡を歌ってくださいました。
　クリスマス会も終わり、ホッとしていた時に、黒田さんから電話がありました。
「石橋の話を、ぜひ本として出版したい」とのことでした。
　話の最後が七夕でしたので、「じゃ、七夕に出版できるようにしましょうかね」なんて話したところ、早くしたいとのことでした。今考えると、彼女は病気の進行速度を知っていたのでしょう。

最後のクリスマス会の黒田さん（左から5番目）と
彼女を支えるボランティアの人達

スケッチブックに描かれた原画

その数日後、私達の話の読み手をしてくださっている方から電話があり、「先生、黒田さんの病状のことご存じですか？　早急に出版の準備をしないと、黒田さんがいらっしゃる間に本ができないかもしれない」と話されました。彼女も実は癌患者だったので、お互い患者同士のこと、予感されていたのだと思います。それから、皆さんに協力していただいて、年末に出版社を決めて出版することになりました。

年が明け1月8日、黒田さんが危篤状態であるとの連絡があり、急遽、妻とこども達2人をつれて、彼女のもとへと行きました。ベッドに横たわる彼女を見て、いよいよお別れの時がきたのかと思いました。

私のこども達が、「黒田さん、お菓子を持ってきたからね。あとで食べてね」と話しかけました。すると、黒田さんの目が開きました。こどものパワーとはすごいものです。

「先生、今報告されたら」と、ホスピスの院長先生の奥様が言ってくださったので、「黒田さん、本の出版が3月に決まりました」と報告しました。

すると、「ありがとう、ありがとう」とお礼を言われ、再び目を閉じられたのです。

まるで、ドラマを見ているかのようでした。この日が、黒田さんに会える最後の日と思いながら、次の日から仕事でバングラディシュへ出発しました。

なんと、黒田さんは、私がバングラディシュから戻ってくるのを待ってくださいました。彼女は、私が日本に戻ったその日の未明に亡くなったのです。臨終の時には間に合いませんでしたが、お通夜、告別式と出席することができました。

告別式で驚いたことが、たくさんありました。一つは、彼女が遺書の中に、自分の告別式の式次第を書いていたことです。誰に挨拶をしてもらい、何番の讃美歌を歌ってもらい、讃美歌が流れる中出棺したいとのことが、事細かに書いてあったのです。また、本ができあがったら、送りたい幼稚園や人の名前も書いてありました。そして、私の話に絵を付けることが生きがいとなり、『天にかかる石橋』の本を完成させることを最後の仕事として、100%生きたと言い切っているのです。これほど、自分の人生の終末を、完璧に迎えられた人を見たことがありません。死を恐れるのではなく、死を受容し、神のもとへ行かれたのです。

出棺の時に、我々は不思議なもので、彼女がいないことの寂しさはありましたが、決して

263-00439

悲しいという思いはありませんでした。教会の建物を見上げると、まるで、フランダースの犬のネロが天に召されるシーンのように、天使に出迎えられた黒田さんがいるかのようでした。

それから、約１カ月が経ち、絵本が僕のもとに送られてきました。

彼女の遺作はこうしてできあがったのです。

その後、本を読まれた方達から、「黒田さんにピアノをならった」とか、「合唱を一緒にしていた」、「自分も癌患者だ」とか、小さい読者もいて「石橋さんが、天の川にかかってくれてよかったです」などと葉書が届き、驚かされたり、嬉しくなったり。

考えてみると、『天にかかる石橋』は、神のもとで我々を見守ってくれている黒田さんではなかったのかなあと、思えてなりません。

昨年のクリスマス会で、また、新たに自作のクリスマスの話を読みました。今年も、お母さん達とクリスマスの話を作ろうと話しています。ここから、また新しい絵本ができて、こども達に読み聞かせができたら、どんなに素晴らしいかと思っています。

「小さなお話の会」での私（右）

いのちの絵本

90　わたしのおとうと、へん…かなあ

マリ=エレーヌ・ドルバル/作　スーザン・バーレイ/絵　おかだよしえ/訳
評論社　2001年　1,365円（税込）

リリは弟のドードが心配。だって、みんなとちがうんだもの。ちっとも大きくならない。いつまでも赤ちゃんみたい。でもふくろうのおじさんが教えてくれた。「いまのままのドードをすきにおなり」

障害を乗り越える勇気と優しさ

このお話は、フランスの「幼年期と染色体異常を考える２１世紀の会」の提唱で作られました。

うさぎのリリには、弟のドードがいます。でも、とっても心配。みんなとちょっと違うのです。いつまでも大きくならないし、赤ちゃんみたい。ある日、リリはママから弟が病気であることを打ち明けられました。でも、リリは、ゆっくり教えればいろんなことができるようになるよ、と話しました。弟は、言葉の練習を先生について始めました。よくできたり、できなかったり。パパとママは一喜一憂。

ある日、ふくろうのおじさんが教えてくれました。「リリちゃん、いまのままのドードをすきにおなり。」

この絵本は、障害のあるこどもを持つ家族が、ほとんどと言っていいほど経験する困難と、それを乗り越えていく姿を描いたものです。リリの優しい気持ち、ふくろうのおじさんのお話も素敵です。

現実はもっと厳しいかもしれませんが、一度読むと、とても勇気をもらえる1冊です。

関連する絵本

たっちゃん ぼくが きらいなの
さとうとしなお/作
みやもとただお/絵
岩崎書店
1986年　1,365円（税込）

スマッジがいるから
ナン・グレゴリー/作
ロン・ライトバーン/絵
岩元 綾/訳
あかね書房
2001年　1,470円（税込）

松田幸久●まつだこどもクリニック/鹿児島県鹿屋市

263-00439

91　指で見る

トーマス・ベリイマン/写真・文　ビヤネール多美子/訳

偕成社　1977年　2,625円（税込）

目の不自由なこども達が、どのように“見ているか”を、カメラの目線をこども達に合わせて紹介した写真絵本です。サブタイトルには「ぼく、どんな顔しているのかなあ。さわれる鏡があればいいなあ」と書かれています。

ハンディキャップを持つ
こども達と向き合うために

ハンディキャップを持つこども達とどのように関わり合ったらよいのか、診察室で迷ってしまうことがあります。頭に浮かぶ言葉は、同情する、優しくする、差別をなくす、支援をするなどです。しかし、その前にもっと大切なことがあることを気づかせてくれたのが、この本です。

僕は一人の盲目の少女を生まれた時から診ています。赤ちゃんの頃は、そっと手のひらを胸に乗せると、微笑んでくれました。ところが、予防接種が始まる頃から、僕の声を聞くだけで、注射の痛みを思い出すのでしょう、火がついたように泣くようになってしまいました。僕は悲しい気持ちでした。それでも一人歩きが始まると、注射の恐怖も薄れたようです。診察室に入って来ると、手探りで診察机の周りを探索するようになりました。机の上のコンピュータに興味があるようで、キーボードをなでたり、マウスをクリックしたりして、ピッピッという音に耳を傾けています。診察の時には、僕の差し出す聴診器や、喉や耳をのぞき込むためのライトに触るようになりました。おそるおそる僕の腕や、体に触れることもあります。

そして、ある日突然に、彼女の指が僕の顔に触れました。少女の指先がやっと僕を見つけてくれたのです。この本のタイトルになっている「指で見る」ことの意味が初めてわかりました。盲目の少女に向き合うには、盲目であることの意味を知ることが大切だったのです。

関連する絵本

アレルギーとたたかうイサベル
トーマス・ベリイマン/作
石井登志子/訳
偕成社
1994年　2,310円（税込）

▲アレルギーを治すためには優しさが必要なんですね。

車いすのマティアス
―脳性まひの障害とたたかう少年
トーマス・ベリイマン/作
石井登志子/訳
偕成社
1990年　1,890円（税込）

▲マティアスにさしのべられる支援のあり方には学ぶべきことがあります。

佐々木邦明●佐々木こどもクリニック/名古屋市

92 わすれられない おくりもの

スーザン・バーレイ/作・絵　小川仁央/訳

評論社　1986年　1,050円（税込）

まわりの誰からも慕われていたアナグマは、年をとって死んでしまいました。アナグマは「自分が死んでも悲しまないように…」と言っていましたが、アナグマを愛していた皆にはとても難しいことでした。皆はどうこの悲しみを乗り越えていったのでしょうか…。

父が残してくれたもの

この絵本と出会ったのは今から１７年前です。私の長女が小学校低学年の時の「夏休みの課題図書」でした。この頃まだ父は存命で、長い間の会社勤めから解放されて、家でゆっくりと過ごしていた時期でした。長女はスポーツがあまり得意でなく、まだ自転車も乗れませんでした。私の実家に帰った時に練習をしていたら、父がとても根気よく教えてくれたそうです。その時から長女は自転車に乗ることができるようになりました。彼女はこのことをテーマに感想文を書きました。父は８年ほど前に亡くなりましたが、この絵本を読むたびに父のことを思い出します。

私がこどもの頃、父は大変忙しく、家で家族と夕食をとるのも週に１～２回程度だったように記憶しています。当時は週休１日制で土曜日も仕事があり日曜出勤も珍しくありませんでした。今のお父さん達のようにお母さんと一緒にこどもの世話をする時間もありませんでした。そして、大正生まれの両親は、父親が子育てにかかわるということは考えてもみなかったと思います。私がこどもの頃に父から何かをじっくり教えてもらったという記憶はありません。

父が残していってくれたものはなにか……と考えてみると、「生きていくうえで何が基本か」を教えてくれたような気がします。私にとってそれは「自分が好きなこと、打ち込めることを見つけて、そのために努力する」ということだと思っています。

関連する絵本

父さんと釣りにいった日
シャロン・クリーチ/文
クリス・ラシュカ/絵
長田 弘/訳
文化出版局
2002年　1,470円（税込）

パパが宇宙をみせてくれた
ウルフ・スタルク／作
エヴァ・エリクソン／絵
ひしきあきらこ／訳
BL出版
2000年　1,260円（税込）

小野元子●おのクリニック/千葉県松戸市

263-00439

93　おじいちゃんの口笛

ウルフ・スタルク/作　アンナ・ヘグルンド/絵　菱木晃子/訳

ほるぷ出版　1995年　1,529円（税込）

スウェーデンでは人気のある絵本で、児童劇としても演じられることがあるそうです。こどもと老人をテーマにした胸に熱いものがこみ上げてくる名作です。おとながおとなに読み聞かせてもよいかもしれません。

こどもとおじいちゃん

ウルフ・スタルク氏の講演会に行きました。スタルク氏はこどもの頃の思い出を楽しそうに話しました。いつの間にか、僕はすっかりスウェーデンの片田舎にタイムスリップして、『おじいちゃんの口笛』の風景が自然と目の前に浮かんでいました。

主人公の少年は、おじいちゃんを持っていない友達のために、老人ホームにおじいちゃんを探しに行きます。そこで、一人の老人に会います。老人は、亡くなった奥さんの写真、金の時計、鳥の剥製、自分で掘った木のヘラジカだけが置いてある部屋でひっそりと生活しています。まったくの他人同士なのに友達と老人の間に、にわか仕立ての孫と祖父の関係ができてしまいます。おじいちゃんはこども達にお小遣いとコーヒーをプレゼントします。お返しに、こども達は、凧を上げたり、サクランボの木に登ったり、おじいちゃんが忘れていたものを、葉巻と一緒に贈ります。ある日、こども達が老人の部屋を訪れると、部屋はきれいに片づけられて、何もなくなっています。

こどもは未来に向かって無限に生きていくことを疑いません。老人はいつかは消える生命のはかなさを悟っています。ところが、こどもと老人というのは不思議としっくりいくようです。老人ホームを訪問する幼稚園の園児なども自然にお年寄りと友達になります。こどもはお年寄りと交わることによって、命の尊さを学んでいくことでしょう。僕自身もこどもの頃には、本当のおじいちゃん、おばあちゃんだけでなく、親戚のおじいちゃんや、近所のおばあちゃんと遊んだ思い出がたくさんあります。

関連する絵本

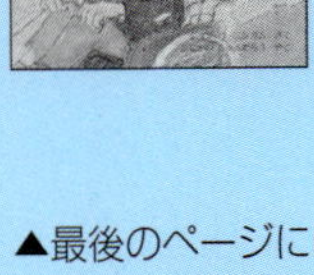

おじいちゃん
ジョン・バーニンガム/作
たにかわしゅんたろう/訳
ほるぷ出版
1985年　1,377円（税込）

▲最後のページには、いつもおじいさんが座っていた椅子だけ。

だいじょうぶだいじょうぶ
いとうひろし/作・絵
講談社
1995年　1,050円（税込）

佐々木邦明●佐々木こどもクリニック/名古屋市

263-00439

94 さっちゃんのまほうのて

たばたせいいち他/共同制作　偕成社　1985年　1,260円（税込）

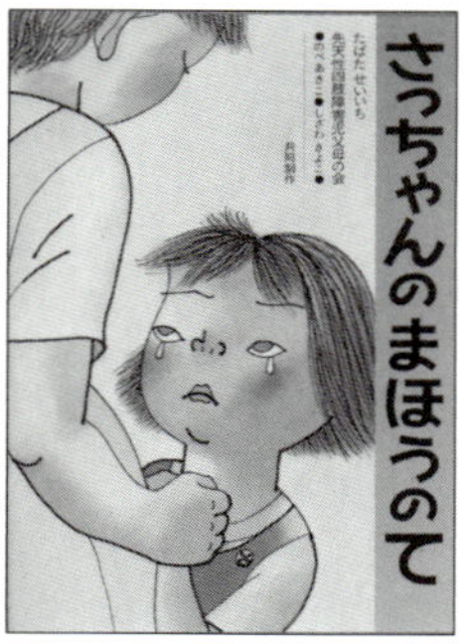

さっちゃんは生まれつき指がない女の子です。これから図工、縦笛の演奏などいろんな困難が待っているでしょうが、強くなっていくことでしょう。お父さんとお母さんが、お子さんと一緒に読んで、障害について考えてほしいです。

小児科医として、親として、障害と向き合う

この絵本を見ると、衣服で腕をくるんだこどもさんを抱っこして来られた親子を思い出します。診察をする際に衣服を脱いでもらうと、右手の肘から手先までがないのです。この絵本の主人公のさっちゃんよりも重度の先天性四肢障害のこどもさんだったのです。診察を終えて、お母さんが、待合室にある『さっちゃんのまほうのて』の絵本を手にとって読んでいらっしゃいました。

その日の夜、もう一度この絵本を読んでみました。主人公のさっちゃんが自分の手のことをお母さんに聞くシーン。さっちゃんがお友達と遊んでいる時に、手のことを言われるシーン。昼間の家族にもこのような時が来るのだろうかなど、いろんな思いが浮かんできました。

私の友人に、「自分は先天異常の患者さんを診察する専門家として、専門外来を担当してきたのに、こんなに辛い気持ちになったことはなかった」と、その日の出来事をメールしました。

その返信メールは、次のようなものでした。

「それは、あなた自身がお父さんになったからじゃない？」

絵本の中に、お父さんの素晴らしい言葉がありました。

「さちこと手をつないでいると、おとうさんはふしぎなちからがいっぱいになるんだ。

さちこのては、まほうのてなんだよ。」

この言葉は、絵本の中のさっちゃんだけでなく、私自身をも元気にしてくれました。そして、地域のこども達を診る小児科医として、少しだけですが、成長させてくれたような気がします。

その後も、私の外来の「さっちゃん」親子は、元気で通院されています。

関連する絵本

はせがわくんきらいや
長谷川集平/作
ブッキング
2003年　1,680円（税込）

**オチツケオチツケ
こうたオチツケ
こうたはADHD**
さとうとしなお/作
みやもとただお/絵
岩崎書店
2003年　1,365円（税込）

松田幸久●まつだこどもクリニック/鹿児島県鹿屋市

95　ぼくのいのち

細谷亮太 / 作　永井泰子 / 絵　岩崎書店　1999 年　1,365 円（税込）

細谷亮太氏は聖路加国際病院の小児科医です。絵本の中に出てくる
ひげを生やした“さとう先生”によく似ています。

いのちの絵本

作者の細谷亮太先生は、白血病などの小児がんの専門家です。この絵本は、大勢のこども達の前で読み聞かせるのにはふさわしくありません。待合室の本棚でもひっそりと静かに並んでいます。それでも、誰かがいつか読んだのでしょう。何度か修繕をしたあとがあります。絵本のすべてのページに、長い間、重い病気と闘うこども達を見守ってきた細谷先生の温かいまなざしが感じられます。こどもに病名を告知することについても、自然なかたちで描かれています。

命の大切さを家族で話したくなった時、ゆっくりと静かな声で読むとよいでしょう。生きたくても、かなわないことの理不尽さが、悲しくて、やるせなくなります。当たり前のように生きている時間の大切さを見直します。私自身も大学病院の小児科病棟で重い病気のこども達を診ていた頃、何人かのこどもの最期の時に立ち会うことがありました。この絵本のあとがきに「どんなに医学が進歩してもなおせる病気には限りがあります。幸い、私たちには知恵がさずけられています。なおらなくなった時に、どうすればよいのかを考えることもできるのです」と記されています。医学の力が及ばなくなった時にこそ、人間としての小児科医の知恵が生かされるのだと知らされました。

細谷先生の著書には『赤ちゃんとの時刻』（朝日新聞、1998年）、『川の見える病院から』（岩崎書店、1995年）、『いつもいいことさがし』（暮しの手帖社、2005年）などがあり、訳書として『チャーリー・ブラウンなぜなんだい？』、『君と白血病』（Lynn S.Baker原作、医学書院、1989年）があります。

関連する絵本

チャーリー・ブラウンなぜなんだい?
ーともだちがおもい病気になったとき
チャールズ・M・シュルツ/作
細谷亮太/訳
岩崎書店
1991年　1,260円（税込）

おにいちゃんがいてよかった
細谷亮太/作　永井泰子/絵
岩崎書店
2003年　1,365円（税込）

佐々木邦明●佐々木こどもクリニック/名古屋市

96　こいぬのうんち

クォン・ジョンセン/文　チョン・スンガク/絵　ピョン・キジャ/訳

平凡社　2000年　1,575円（税込）

韓国人の作者が描いた絵本です。うんちの絵本はたくさんありますが、この絵本は、うんちが主人公の物語絵本です。生と死のこと、命の尊さを教えてくれた1冊です。

うんちの命がお花に

主人公のうんちは、こいぬのうんちです。石垣のすみっこで生まれました。“うんち”なので、「きたない」「くさい」「やくたたず」などと言われ、ひとりぼっち。

つちくれは、そんなうんちがかわいそうになり、自分のことを話し始めました。もともとは畑の土で、荷車から落ちてここにいること、日照りのためとうがらしのあかんぼうを枯らしてしまったことなどを話しました。その時、通りかかったおじいさんが、つちくれに気づき、両手でいとおしそうに連れて帰りました。また、うんちは一人ぼっちになりました。

雨の日に、うんちの前に、たんぽぽの芽が顔をだしました。うんちは、きれいな花を咲かせるたんぽぽがうらやましくなりました。まだ葉だけのたんぽぽは、花を咲かせるために絶対必要なものがあることを、うんちに話しました。それは、うんちがこやしとなって、たんぽぽの力になることでした。うんちは、はじめて自分が役に立つことを知り、嬉しくなりました。そして、うんちは、雨に打たれて、土の中にしみ込んで、たんぽぽの根っこに集まり、花を咲かせる力へと変わっていきました。

春になり、こいぬのうんちの命を受け継ぎ、たんぽぽの花が咲きました。

うんちの命が消えても、その命はたんぽぽの中で生き続けるなんて、とても素敵なお話でした。この絵本で、一つの命は、たくさんの命から支えられていることを教えてもらいました。

関連する絵本

あなぐまさんちのはなばたけ
クォン・ジョンセン/文
チョン・ドンス/絵
ピョン・キジャ/訳
平凡社
2001年　1,575円（税込）

かぜひいちゃった日
キム・ドンス/作・絵
ピョン・キジャ/訳
岩崎書店
2004年　1,365円（税込）

松田幸久●まつだこどもクリニック/鹿児島県鹿屋市

263-00439

97　ピカピカ

たばたせいいち/作　偕成社　1998年　1,470円（税込）

日本で捨てられた「ピカピカ」は、タマに案内されたゆきちゃんに拾われ、げんじいちゃんに修理してもらったあと、再生自転車としてアフリカに渡ります。助産婦さんの足となってお母さんと赤ちゃんを助け、村のみんなに喜ばれています。

赤ちゃんの名はツイマー（希望）

街の片隅に捨てられてしまった自転車「ピカピカ」。直してもらえばまだ走れるのに、と泣いていると猫達がやってきて話を聞いてくれます。タマは仲良しのゆきちゃんに助けを求め、ゆきちゃんは自転車修理の名人げんじいちゃんのところへピカピカを連れてゆきます。それぞれが自分の知恵を持ち寄って、助けてくれそうな人のところへ繋げてゆく、というステップが良いですね。

げんじいちゃんは元気になったピカピカに、話を持ちかけます。この話の仕方も良いんですよ。虹色の空と茶色い大地の真ん中に台詞が浮かんでいて、

「アフリカがいま、あたらしく　うまれかわろうと　うんと　くろうをしている。
ゆめいっぱいのおおしごとだ。いろんなてつだいが　いる。」

ピカピカは長い船旅のあと、アフリカにたどり着き、助産婦のモシャおばさんの足になります。難産の赤ちゃんを救うため駆けつける、ピカピカとモシャおばさんの真剣ないでたちがこの本のクライマックスです。

そうして生まれた赤ちゃんの名前が“ツイマー”。現地の言葉で“希望”という意味だそうです。

ぐいぐい引き込まれてゆくストーリをより印象づけるのは、たばたさん独特の色鉛筆の絵。カラーと白黒が交互に出てくることによる不思議なリズムで、日本、船の中、アフリカが、空気の色さえ違うということがはっきりと示されています。

この本は実話を元にしています。再生自転車は実際に日本から66カ国に贈られ、医療従事者の足となっているそうです（ジョイセフ：http://www.joicfp.or.jp/）。ツイマーというのは、タンザニアに実在する医師の息子さんの名前だということです。

関連する絵本

ぼくの村に　サーカスがきた
小林 豊/作
ポプラ社
1996年　1,260円（税込）

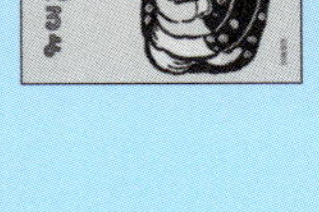

いのちは見えるよ
及川和男/作
岩崎書店
2002年　1,365円（税込）

多田香苗●明和病院/兵庫県西宮市

98 100万回生きたねこ

佐野洋子/作・絵　講談社　1977年　1,470円（税込）

100万回生きたねこは、死んでまた生き返るの繰り返し。ある時、彼はのら猫になって、白いねこを愛し、幸せに暮らしました。やがて愛する白いねこが死んでしまいました。残されたねこは、100万回泣きました。そして、彼にも人生の終焉が……。

「命の授業」にかかせない絵本

最近、小学生に「命の授業」をすることが増えてきました。その時、必ずといっていいほど『100万回生きたねこ』の絵本の読み聞かせをします。

主人公のねこは、100万回死んで100万回生きました。100万人の飼い主にかわいがられ、ねこが死んだ時、みんな悲しみました。でも、このねこは、1回も泣かなかったのです。どうせまた自分は生き返ると思っているのでしょう。

ある時、このねこは、飼い主もいないのら猫でした。そして、白いねこに出会い、恋をし、家庭を持ち、こどももたくさんでき、幸せに暮らしました。でもやがて、大好きな白いねこが死んでしまいます。彼は、100万回も泣き、そして静かに死んでしまいました。でも、もう生き返ることはなかったのです。

ねこのそれまでの100万回の人生は、彼にとって無味乾燥なものだったのでしょう。のら猫になった時、大切な人と出会い、幸せな時間を持つことができました。そして、大切な人を失うことの悲しさを知って、このねこは“命”の大切さに初めて気づいたことでしょう。彼の最後の死は、「“死”は、決して悲しいものだけではない」ことを教えてくれているような気がします。

この本を読み終えて、小学生達の中には、涙を流す子もいました。「死ねて嬉しそう」と言った子もいました。私は、「このねこのように、100%生きたい」と思いました。

関連する絵本

ぶたばあちゃん
マーガレット・ワイルド/文
ロン・ブルックス/絵
今村葦子/訳
あすなろ書房
1995年　1,575円（税込）

葉っぱのフレディ
レオ・バスカーリア/作
みらいなな/訳
童話屋
1998年　1,575円（税込）

松田幸久●まつだこどもクリニック/鹿児島県鹿屋市

99 おおはくちょうのそら

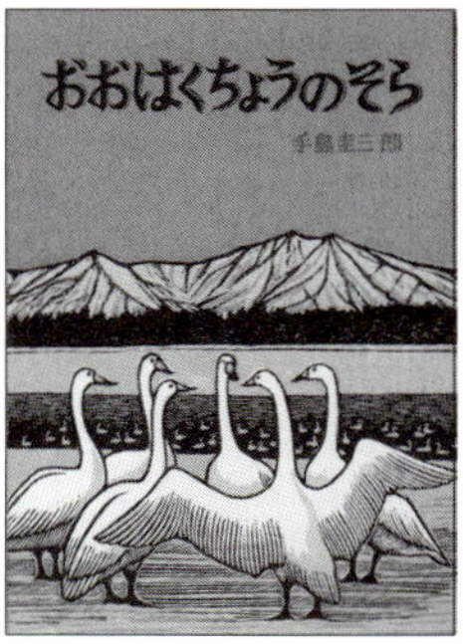

手島圭三郎/絵・文　リブリオ出版　2001年　1,785円（税込）

春、渡りの季節を迎えたおおはくちょうの子が病気のため飛ぶことができず、家族に見守られながら死んでしまうという悲しいお話。

命の大切さ、家族の絆を感じる

私はこの本を読み聞かせに使いたいと思っているのですが、実はまだ一度も使っていません。なぜなら途中で泣いてしまいそうで、最後まで読む自信がないからです。本屋でこの本を見つけた時もそうでした。とても印象深い版画の絵が目にとまり「おおはくちょうの生活を紹介する本かな？」なんて思っていたらそうではありませんでした。私は涙をこらえるために途中でいったん本を閉じ、気持ちを落ち着かせなければなりませんでした。

文章は短く区切られていて、声に出すと良いリズムで読んでいけます。これこそ読み聞かせのために作られた文章と思えるほどです。そして美しい絵をめくっていくと、しだいに泣けてしまうのです。

近年、多くの人が病院で死を迎えるようになり、こども達は身内が亡くなるような「死」の体験が少なくなったと言われています。このような時代、死と生命について何かを感じる機会の一つとしてもこの本はお勧めかと思います。

小児科の待合室にこんな悲しいお話の本を置くのはどうしようか、と迷いました。でも良い本には違いないので、もしかしたら今日もまたどこかの親御さんが涙をこらえているかもしれないと思いつつ、待合室の本棚に置いてあります。

最初にまだ読み聞かせには使っていないと書きましたが、思い切って読んでみるべきかもしれません。たとえ上手に読めなくても、聞き手と一緒に涙をぽろぽろこぼしながら泣いてしまっても、それはそれで読み聞かせの一つの形とも思えます。

関連する絵本

おおかみのこがはしってきて
寮 美千子/文　小林敏也/画
パロル舎
1999年　1,575円（税込）

▲なにげない親子の会話から壮大な命をテーマにしたお話です。

しょうぼうじどうしゃ じぷた
渡辺茂男/作　山本忠敬/絵
福音館書店
1966年　780円（税込）

▲じぷたを応援してるうちに思わず涙が……。

町田　孝●まちだ小児科/沖縄県中頭郡

離島のこども達へ絵本を

時松　昭●時松小児科／埼玉県所沢市

こども達を取り巻く環境、昔はごく当たり前のことでしかなかった事柄が、時代とともに変化してしまいました。一体これはこども達にとって進化なのか退化なのか、本当に今の状態で良いのかどうか、生きることそのものが昔に比べてあまりにもつまらなくなってしまったのではないかという嘆き声が聞こえてきます。かつては家から一歩外に出ると、道路も広場も所狭しと駆け回るこども達の姿と大声で満ちあふれていたのに、今では赤ん坊の泣き声はわずかに保育園と小児科クリニックの周りだけになってしまってなんとも寂しい限りです。

この“失われた時”を求めて、どこかに昔が残っていないかとせっせと地方を歩き回りましたが、本土ではなかなかそんな場所に出くわすことができません。かつて看護学院長をしていた時、毎年の修学旅行は沖縄の戦跡巡りと決まっていましたので、私も救護班を兼ねてついて行きました。院長が四六時中生徒たちにくっついて回るのもどうかと気を利かせ、ケイタイを片手に沖縄の島々を一人歩きすることにしました。以前から沖縄にはたいへん興味を持っていましたので10数回本島と周辺の島々を訪れました。7年前の訪問時には、ゆっくりと地元のこども達に接してみたいと、あらかじめ地図とネット情報を参考に探し回り、ひょっとしたら私の理想郷があるのではと、知念村の沖に浮かぶ久高島を選ぶことにしました。

久高島は、世界遺産に指定されている斎場御嶽（せーふぁうたき）のある知念岬から東方に5km、海上タクシーで約10分、周囲8km、現在では戸数128戸人口約300人弱で、自転車で島を１周しても2時間もあれば充分の小さな島です。ここは琉球開闢の祖アマミキヨが天から降りて最初につくったとされている島で、歴代の琉球国王は久高島参詣を行ってきました。島には12年に1度、午年に行われる祭事・イザイホーに代表されるような神秘的な祭事がそのまま残っているため、民俗学的に貴重な島として注目されています。

乗客は私1人だけの海上タクシーに乗り、朝から夕方までじっくりと島と学校を見学させていただきました。当時こども達は中学生以下が11人ほどで、小中学校が同じ校舎にあり、すぐ隣が幼稚園になっていました。なにせ先生と生徒の数がほぼ同数ですので、マンツーマンの理想的な、贅沢な、もったいないような学校でした（現在では島外からの留学生がいてもう少し人数が多い）。

初めて会うこども達へのおみやげにあらかじめ希望のあった絵本を送り、その贈呈式、ご

263-00439

挨拶、こども達と一緒に給食、校庭で野球やサッカーと1日中盛りだくさんのスケジュールをこなしました。島には船着場の近くにお店が1、2軒あるだけで、もちろん本屋さんなどあろうはずもなく、学校の図書館だけが島唯一の読書活動の場となっていました。これがご縁で、時々学校からのご希望の書籍を送っていますが、もう100冊を超えたそうです。

放課後、校庭から急にこども達がいなくなったので波止場近くの原っぱに行ってみますと、先ほどまで学校にいたこども達がそっくり移動してきて、おまけに先生方も混じってかくれんぼ、缶けり、プロレスごっこをやっているではありませんか。車にはほとんど出会うことのない狭い道路は、こども達に占拠されて恰好の遊び場になっていました。波の音、風の音、こども達の声、そしてどこまでも深くて青い空、これぞ私が半世紀前に体験した懐かしい光景であり、捜し求めていたものがようやく手に入り、目に涙しながら夢中でシャッターを押しました。地平線に落ちる真っ赤な夕日を見ながら、対岸の海上タクシーに電話をして迎えに来てもらいました。波止場には校長先生はじめこども達がいつまでもいつまでも顔が見えなくなるまで見送ってくれ、まるで『二十四の瞳』の光景でした。

こども達にとって素晴らしい夢のような環境で、本を通して、純粋で伸び伸びとした、心温かなそしてますます感性豊かな人になってほしいと願うものです。

今年もまた本のリストが届くことでしょう。どんなリクエストがあるのか楽しみにしています。

“失われた時”がよみがえってくるような、純粋で伸び伸びとした離島のこども達の姿

263-00439

絵が美しい

100　鹿よ おれの兄弟よ

神沢利子／作　G・D・バヴリーシン／絵

福音館書店　2004年　1,785円（税込）

シベリアで生まれ育った猟師の若者が語る、自分の命の源。
食べ物であり、衣服でもある鹿。自分を育ててくれた親族達。
愛する妻と子。

繋がってゆく命のために

絵が美しい。繊細で静謐《せいひつ》。70歳になろうかというロシアの“人間国宝”が、自分の出身地を描いたものだといいます。背景は深い森と大きな川。人間と動物。物はあくまでも個人の手にあわせた“道具”であり、人の方が使われてしまう“機械”ではありません。

画面も登場人物もどことなく東洋風なのは、ロシアといっても少数民族を描いたものだからのようです。服装もアイヌ民族を思わせます。若者が身につけている衣装の複雑なふち飾りは、妻が夫の無事を祈りながら、ひと針ひと針、心を込めて縫ったものなのでしょう。

長老に抱かれたり、小鹿に耳をなめられたりした幼いこどもも、今は妻も子もいるりりしい若者。我が子は母の胸で乳を飲みながらすくすくと育ってゆきます。子と妻を養うため、若者は鹿を狩るのです。

「おれは　鹿の肉を　くう」

「それは　おれの血　おれの肉となる」

「だから　おれは　鹿だ」

上質な美術館でゆっくり一日を過ごしたような幸福感が味わえます。どうか一度、お手に取ってご覧ください。

関連する絵本

ナヌークの贈りもの
星野道夫/写真・文
小学館
1996年　1,533円（税込）

エトピリカの海
本田哲也/作
偕成社
1998年　1,260円（税込）

多田香苗●明和病院/兵庫県西宮市

101　ナビル

ガブリエル・バンサン/作　今江祥智/訳

ＢＬ出版　2000年　2,625円（税込）

少年は、学校で先生からピラミッドの話を聞きました。以来、寝てもさめてもピラミッドが気になってしかたありません。自分の目でピラミッドが見たい！　とうとう彼は家出してしまいました。

こどものためにおとなができること

僕が一番好きな絵本作家は、今も昔も変わりません。それは、ガブリエル・バンサンです。ベルギーに生まれ、生涯を独身で過ごしたこの女性画家は、デッサンの魔術師とも呼ばれました。彼女が鉛筆でささっと画用紙に描いた犬が、まるで命を吹き込まれたかのように動き出したのが『アンジュール』です。

日本の水墨画に魅せられていた彼女はその繊細な水彩画のタッチで「くまのアーネストおじさんと、ネズミのセレスティーヌ」のシリーズ22作を描きました。しかし、彼女には亡くなるまで日本を訪れる機会はありませんでした。母親にはなれなかった彼女は、なぜか世間のどの親達よりもこどもの気持ちがわかる希有《けう》なおとなでした。

地味な絵本しか描かないバンサンに、地元ベルギーの出版社は冷たかったようです。彼女が本当に描きたい絵本のダミーを持ち込んでも、売れないからと簡単に却下されてしまいました。でも、その絵本を日本の出版社が本にしました。それがこの『ナビル』です。

主人公が家出する絵本はいっぱいあります。『ピーターのいす』『フランシスのいえで』『とおいところへいきたいな』などなど。これらの絵本はみな、弟や妹が生まれたことで、居場所のなくなった兄姉が家出する話でした。

『ナビル』の主人公も家出します。でもそれは居場所がなくなったからではなく、自ら積極的に親元を離れて冒険旅行に出るためです。彼はどうしてもピラミッドを自分の目で確かめたかった。その夢を実現するのを助けるために、次々と理解あるおとなが登場して少年を援助します。この世の中に彼らのようなおとながたくさんいたら、こども達はもっと幸福になれるに違いありません。

関連する絵本

たまご
ガブリエル・バンサン/作
ＢＬ出版
1986年　1,365円（税込）

▲黙示録的な深遠な絵本です。

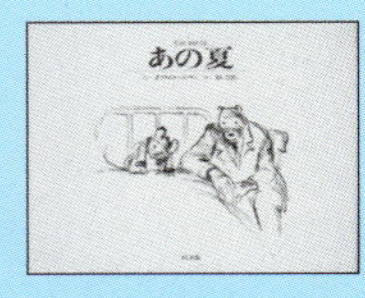

あの夏
ガブリエル・バンサン/作
もりひさし/訳
ＢＬ出版
1995年　2,520円（税込）

▲人間の死を扱った絵本の中で、最も完成されている1冊です。

北原文徳●北原こどもクリニック/長野県伊那市

102　よあけ

ユリー・シュルヴィッツ/作・画　瀬田貞二/訳

福音館書店　1977年　1,260円（税込）

老人が孫と川に出かけ、「よあけ」を待ちます。モチーフは唐の詩人・柳宗元の詩「漁翁」によります。

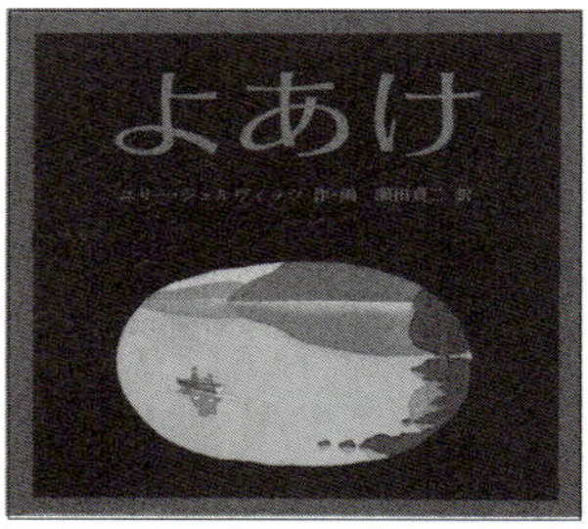

静かに流れる時

この本は、説明なしに、まず味わって体験していただきたい本です。ゆっくりと文章をかみしめながら読み進めて、受け取ったものを自分の中にいつまでも留めておいてほしいのです。ですから、あまりくどくどとお話したくないのですが、やっぱりそれだけでは何がなんだかわからないですよね……。この本について紹介する時にいつも困ってしまうのがここなんです……。だからこそ、人の集まる場所の本棚にこっそりと置いたり、どなたかにプレゼントしたりして頂きたいと思う本なのです。

静かな本です。絵は水墨画のような輪郭のはっきり定まらない、暗めの色調。言葉も少なく、1ページに10文字程度。耳元でささやかれているような気持ちになります。静かにゆっくりと時間が進み、人は自然の邪魔をしないようひそやかに動く。「すこし　ひをたく」という文章の「すこし」という表現が秀逸と思います。

登場人物が老人と孫、という点もこの本の静けさに寄与していると思います。どちらも生産活動に従事しておらず、生きることにぎらぎらしていない、欲深くない、という雰囲気です。人間が自然に気を遣い（これは、弱者を保護する気遣いではなく、強者に対する畏れのようなイメージ）、遠慮深く待っていたら、素晴らしく美しいものを見せてもらうことができた――そんな本です。

関連する絵本

きりのなかのはりねずみ
ユーリー・ノルシュテイン、
セルゲイ・コズロフ/作
フランチェスカ・ヤールブソワ/絵
こじまひろこ/訳
福音館書店
2000年　1,365円（税込）

すばらしいとき
ロバート・マックロスキー/作
わたなべしげお/訳
福音館書店
1978年　1,575円（税込）

多田香苗●明和病院/兵庫県西宮市

263-00439

103　じんべえざめ

新宮 晋/作　扶桑社　1991年　1,500円（税込）

英語では “Whale Shark” と呼ばれるジンベエザメは、全長20mにもなる世界最大の魚です。サメなのに、魚は襲わずにプランクトンを主食にしています。

争うことが馬鹿らしく思えてくる

こどもが小さい頃は、とにかく動物園へよく行きました。３歳くらいまでの子は絶対に動物好きです。ゾウにキリン、それからライオン。一日いても飽きることがない。しかも、入園料が安い！

しかし、こどもが大きくなってくると、興味は動物園から水族館へと変わってゆきます。上越水族館に始まって、八景島シーパラダイス、葛西水族館、品川水族館、鳥羽水族館、名古屋港水族館。それから、大阪の「海遊館」へも行きましたよ。ここの主役がジンベエザメ。

縦長の大きな水槽の周りを、上のほうから螺旋状の坂道を下って行くと、ジンベエザメがお供をたくさん引き連れて、実にゆったりと悠々と泳いでいるのです。その姿を目にした瞬間、昨日までのセコセコした自分の生き方がアホらしく思えてしまうのでした。感動しました。昨年の夏には、沖縄の「美《ちゅ》ら海水族館」に行って、巨大水槽の中を泳ぐ３匹のジンベエザメを見てきました。

ジンベエザメは、コンビニのレジにある「バーコード・リーダー」みたいな大きな口をガバッと開けて、オキアミを掃除機みたいに吸い込みます。時々間違って小魚も吸引してしまいますが、ちゃんとエラから逃がしてあげます。優しいんだな、ジンベエザメは。

「人間が海の表面だと信じているものを、魚たちは空気の天井だと思って暮らしているのかもしれない。」

この印象的な文章で絵本は始まります。作者の新宮 晋さんは彫刻家で、風で動く立体芸術を世界各地で作っている人です。「僕は絶対変わらないとか、変化しないというものに対してあまり信用しない。僕は無理につっぱって動かないものよりも動くもののほうが自然じゃないかと思うから、動くものをつくっているんです」と、彼は語っています。

関連する絵本

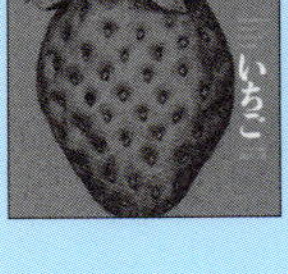

いちご
新宮 晋/作
文化出版局
1975年　1,529円（税込）

▲小さなイチゴから宇宙空間を体感させてくれる途方もなくスケールのでかい絵本。

くも
新宮 晋/作
文化出版局
1979年　1,529円（税込）

▲くもの巣の中にも、ミクロな “コスモス” があったよ！

北原文徳●北原こどもクリニック/長野県伊那市

104　かわ

加古里子《かこさとし》/作・絵　福音館書店　1966年　780円（税込）

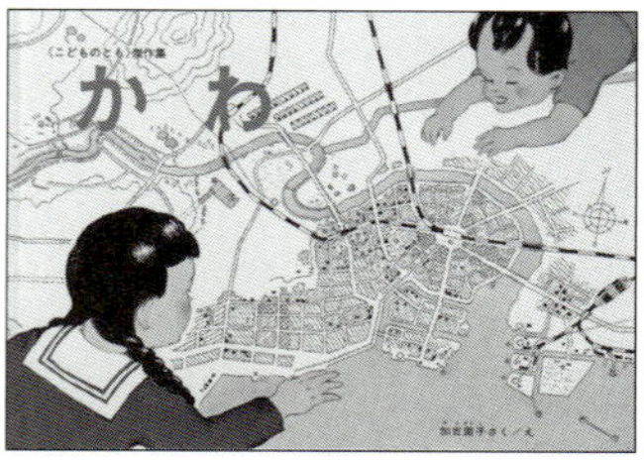

山に降った雪や雨が、川となり、ふもとに流れ、町を通り最後に広大な海へ行き着くまでを描きながら、川が人間の生活と密接な関係があることを教えてくれる科学絵本の傑作。表紙が地図になっているのも面白い。

科学する心をくすぐるパノラマ絵本

『かわ』の作者、加古里子さんは、大正15年生まれです。学生時代に打ち込んだ演劇の技法を使い、20代の時に紙芝居を作り始めたのが創作活動の始まりとか。その紙芝居を、社会人ボランティアによるこども会活動で披露したのですが、話が面白くないと、こども達はさっさとザリガニ取りなど他の遊びに去って行ってしまったそうです。そうやって、こども達の素直な感性や興味のありようを学びとったと言います。

ところで、こども達はものを並べるのが大好きですね。加古里子さんの作品は、そんな“陳列”の魅力にあふれています。初版後30年売れ続けている代表作『からすのパンやさん』では、かにパン、やかんパン、とんぼパン……全部で84種類のパンが見開きいっぱいで紹介されます。『だるまちゃんとてんぐちゃん』では、帽子や靴が次々と陳列され、『まさかりどんがさあたいへん』では、道具達がたいへんたいへんと言いながら後から後から出てきます。

そしてこの『かわ』では、山の根雪が溶けて小さな流れになり、それが次第に川となり河となり、やがては大河となって広大な海に流れ着く“かわ”が出会うさまざまな人間の暮らしが“陳列”してあり、眺めていて飽きません。

続編の『海』、そして『地球』『宇宙』へと大作につながるきっかけにもなった、この『かわ』の初版は1962年（昭和37年）。河原で遊ぶこども達の姿は、今ではすっかり見られなくなってしまいました。こども達から身近な自然が奪われてしまった現状を、改めて感じさせる絵本でもあります。

関連する絵本

からすのパンやさん
かこさとし/絵・文
偕成社
1973年　1,050円（税込）

▲「お父さんがつくるオヤツパンは世界に１つしかない最高のパンさ！」４羽のからすのこども達が大奮闘。

まさかりどんがさあたいへん
かこさとし/作・絵
小峰書店
1996年　1,365円（税込）

▲まさかりどんが大きな木をどっこいどすんと切り倒してしまったので、さあたいへん！
さまざまな道具達が後から後から出てきます。

高田　修●たかだこども医院/宮城県宮城郡

263-00439

105 きょうはなんのひ？

瀬田貞二/作　林 明子/絵

福音館書店　1979年　1,155円（税込）

「おかあさん、きょうはなんの日だかしってるの？　しらなきゃ階段三段目」と言って、まみこは学校へ行ってしまいました。おかあさんが階段の三段目にあった手紙を見ると……。読み始めるとなぞなぞを解くようにお話に引き込まれてしまいます。

山のふもとの絵本美術館

高原野菜の産地として有名な長野県の原村は、八ヶ岳の懐に抱かれ自然に恵まれた所です。「小さな絵本美術館・八ヶ岳分館」は原村の林の中にあります。小さなかわいいアーチをくぐり、小径をたどると美術館の入り口です。ここは、長野県岡谷市のりんご畑の中にある「小さな絵本美術館」の分館です。

展示室の奥に、絵本を自由に読むことのできる部屋があります。訪れたお子さんやお母さん、お父さん達が、じゅうたんの上で座ったり寝転んだりしながら絵本を楽しんでいます。

このハヶ岳分館で、2003年8月に林 明子さんの絵本の原画展がありました。『はじめてのおつかい』『こんとあき』などとともに、『きょうはなんのひ？』の原画が展示されていました。

まみこのうれしそうな顔が描かれてある絵にひきつけられて見始めました。

まみこの手紙が「階段の三段目」に置いてあり「ケーキのはこをごらんなさい」、ケーキの箱を見ると「つぎは玄関の傘立てのなか」……とお話が進んでいきます。おかあさんはお掃除もそこそこに家の中をあっちに行ったりこっちに来たりして、まみこの手紙の「なぞなぞ」を解いていきます。見ているほうもワクワクしてきます。

さて、今日はなんの日だったのでしょうか？　最後のページの答えをお楽しみに……。

関連する絵本

はじめてのおつかい
筒井頼子/作
林 明子/絵
福音館書店
1977年　840円（税込）

▲はじめておつかいを頼まれたみいちゃんの「どきどき」がよく伝わってきます。

こんとあき
林 明子/作
福音館書店
1989年　1,365円（税込）

小野元子●おのクリニック/千葉県松戸市

263-00439

全国絵本美術館リスト

美術館名	住　所	TEL / HPアドレス
けんぶち絵本の館	〒098-0322 北海道上川郡剣淵町市街地本町	TEL. 016534-2624
いわむらかずお絵本の丘美術館	〒324-0611 栃木県那須郡馬頭町小砂3097	TEL. 0287-92-5514 http://www.ehonnooka.com/
富広美術館	〒376-0302 群馬県勢多郡東村草木86	TEL. 0277-95-6333 http://www.vill.seta-azuma.gunma.jp/htm/azm11110.htm
ちひろ美術館	〒177-0042 東京都練馬区下石神井4-7-2	TEL. 03-3995-0820 http://www.chihiro.jp/
沼田絵本美術館	〒158-0098 東京都世田谷区上用賀 1-25-20	TEL. 03-3708-8200 http://www.numata-museum.co.jp/
葉祥明美術館	〒247-0062 神奈川県鎌倉市山ノ内 318-4	TEL. 0467-24-4860 http://www.yoshomei.com/
えほんミュージアム清里	〒407-0301 山梨県北巨摩郡高根町清里 3545-6079	TEL. 0551-48-2220 http://www.ehonmuseum-kiyosato.co.jp/
黒井健絵本ハウス	〒407-0301 山梨県北巨摩郡高根町清里朝日ヶ丘3545-937	TEL. 0551-48-3833 http://www.kenoffice.jp/
えほん村	〒408-0041 山梨県北巨摩郡小淵沢町上笹尾 3332-426	TEL. 0551-36-3139 http://ehonmura.jp
小淵沢絵本美術館	〒408-0041 山梨県北巨摩郡小淵沢町上笹尾篠原 3331-441	TEL. 0551-36-5717
絵本の樹美術館	〒409-1501 山梨県北巨摩郡大泉村西井出石堂 8240-4579	TEL. 0511-38-1918 http://www.cam.hi-ho.ne.jp/g-mama/
フィリア美術館	〒408-0041 山梨県北巨摩郡小淵沢町上笹尾 3476-76	TEL. 0551-36-4221 http://www5.ocn.ne.jp/~philia/
河口湖木ノ花美術館	〒401-0304 山梨県南都留郡河口湖町河口湖辺3033	TEL. 0551-36-3139 http://www.konohana-muse.com/
くんぺい童話館	〒408-0041 山梨県北巨摩郡小淵沢町篠原3332-930	TEL. 0551-36-4514 http://www.docca.net/kunpei/
薮内正幸美術館	〒408-0316 山梨県北巨摩郡白州町鳥原2913-71	TEL. 0551-35-0088 http://yabuuchi-art.main.jp/
村上康成美術館	〒413-0235 静岡県伊東市大室高原5-386	TEL. 0557-51-8021 http://www.murakami-museum.co.jp/
ワイルドスミス絵本美術館	〒413-0235 静岡県伊東市大室高原9-101	TEL. 0557-51-7330 http://www.metm.co.jp/
軽井沢絵本の森美術館	〒389-0111 長野県北佐久郡軽井沢町塩沢182-1	TEL. 0267-48-3340 http://www.museen.org/ehon/
黒姫童話館	〒389-1303 長野県上水内郡信濃町黒姫高原3807-30	TEL. 0262-55-2250 http://www.avis.ne.jp/~dowakan/
斑尾高原絵本美術館	〒389-2257 長野県飯山市斑尾高原11492-224	TEL. 0269-64-2807
小さな絵本美術館	〒394-0081 長野県岡谷市長地権現4-6-13	TEL. 0266-28-9877 http://shinshu-online.ne.jp/museum/chiisanaehon/
八ヶ岳小さな絵本美術館	〒391-0015 長野県諏訪郡原村原山17217-3325	TEL. 0266-75-3450 http://shinshu-online.ne.jp/museum/chiisanaehon/

263-00439

美術館名	住　所	TEL / HPアドレス
イルフ童画館	〒394-0027 長野県岡谷市中央町2-2-1	TEL. 0266-24-3319 http://www.ilf.jp/
安曇野絵本館	〒399-8301 長野県南安曇郡穂高町有明2186-117	TEL. 0263-83-6173 http://ehonkan.net/
安曇野ちひろ美術館	〒399-8501 長野県北安曇郡松川村西原	TEL. 0261-62-0772 http://www.chihiro.jp
絵本美術館＆コテージ森のおうち	〒399-8301 長野県南安曇郡穂高町有明2215-9	TEL. 0263-83-5670 http://www.morinoouchi.com
飛騨絵本美術館ポレポレハウス	〒506-0241 岐阜県高山市清見町夏厩713-23	TEL. 0577-67-3347 http://www.porepore-house.com/
大島町絵本館	〒939-0283 富山県射水郡大島町鳥取50	TEL. 0766-52-6780 http://www.iijnet.or.jp/ehonkan/
安野光雅美術館	〒699-5605 島根県鹿足郡津和野町後田イ60-1	TEL. 0856-72-4155 http://www.tsuwano.ne.jp/town/anbi/anbi.htm
アンパンマンミュージアム	〒781-4212 高知県香美郡香北町美良布1224-2	TEL. 0887-59-2300 http://www.l-kochi.or.jp/hp/anpanman-m/
祈りの丘絵本美術館	〒850-0931 長崎県長崎市南山手2-10	TEL. 095-828-0716 http://www.douwakan.co.jp
木城えほんの郷	〒884-0104 宮崎県児湯郡木城町石河内475	TEL. 0983-39-1141 http://www.mnet.ne.jp/~ehon/

やっぱり
のりものが一番好き

106 でんしゃで いこう でんしゃで かえろう

間瀬なおかた/作・絵　ひさかたチャイルド　2002年

1,050円（税込）

トンネルの向こうには何があるのかな。電車でいってみよう！
山の駅から海の駅へ！　海の駅から山の駅へ！

こどもは“しかけ絵本”が大好き

この絵本は私達の待合室の絵本の中で一番人気がある絵本の一つです。

大勢のお子さん達に読まれていますので、すぐに壊れてしまいます。テープを貼ったり糊付けをしたり何回も修理しました。それでもまた壊れてしまいましたので、2代目の本を買いました。

なぜこんなに人気があるのでしょう？

乗り物の本だから？

デデン　ドドンなどの音がおもしろいから？

デデ　ドド、デデン　ゴーゴーなど電車の進んでいく音が出てきます。

前からも後ろからも読めるから？

前から読むと山の駅から海の駅へ、後ろから読むと海の駅から山の駅へと電車が走って行きます。

ある日、待合室で3歳の男の子とこの本を一緒に読んでみて、人気のある理由がわかりました。この本は、トンネルの入り口と出口の所に穴が開いているしかけ絵本になっているのです。その子はトンネルの穴に指を入れてページをめくっていました。私にはトンネルの入り口と出口にしか見えませんが、その子には次のページの世界を開く扉なのでしょう。楽しそうに指を入れてめくっていました。

こどもはお話も絵も好きですが、絵本で遊ぶのが大好きなんですね！

関連する絵本

はらぺこあおむし
エリック・カール/作
もりひさし/訳
偕成社
1976年（初版）1,260円（税込）

▲おなかがぺっこぺこのあおむしがいろいろな物を食べて穴を開けていきます。とても色彩のきれいな絵本です。

あめの ひの えんそく
間瀬なおかた/作・絵
ひさかたチャイルド
2003年　1,050円（税込）

▲楽しみにしていた遠足の日は雨。でもバスに乗って出発です。乗り物絵本としかけ絵本の両方が楽しめます。

小野元子●おのクリニック/千葉県松戸市

263-00439

107 エンソくん きしゃにのる

スズキコージ/作　福音館書店　1990年　840円（税込）

古代マヤ文明かインカ帝国の壁画かと見まごう鮮やかな色彩と大胆なタッチで絵本を描き続けるスズキコージさんの人気作。

オンリーワンの個性

長男が1歳の時、義理の父が倒れたので、親子離れ離れの暮らしをしていました。こどもに会いに行くのに電車で通っている時に、この絵本のタイトルにひかれて購入しました。油絵で描かれた強烈な個性の絵本です。世界を放浪したという作者にしか描けない迫力です。

エンソくんが一人でおじいさんの家に、汽車に乗って出かけます。

「エンソー、よくきたな」「あ、おじいちゃん」

人々の優しさを感じる会話です。

そして、この絵本に出てくる駅弁がとってもおいしそう。ひつじの形のコロッケがごろんと入っていて、まわりにはゆでたとうもろこし。

長男はすぐにこの絵本が好きになりましたが、私は10回ぐらい読んで、やっとその個性が好きになりました。

絵本の絵には、かわいらしい絵、デフォルメしたもの、またパステルカラーのやわらかい色づかいのものが多いようです。この絵本のような絵のタッチはおとなには敬遠されがちですが、こどもは本当に良いものを見抜く力を持っているのですね。

この絵本は、1986年「こどものとも」で出版された後、傑作集として1990年に発刊され、現在に至っています。絵本は印刷部数が少ないので、結構高価です。その点、月刊「こどものとも」は廉価で、いろいろな絵本が楽しめるので、ご両親にお勧めしています。

関連する絵本

やまのディスコ
スズキコージ/作
架空社
1989年　1,575円（税込）

サルビルサ
スズキコージ/作
架空社
1996年　1,575円（税込）

荻田安時●おぎた小児科医院/新潟県柏崎市

108 がたごと がたごと

内田麟太郎／文　西村繁男／絵

童心社　1999年　1,365円（税込）

ちょっとレトロな雰囲気の列車。大勢のお客さんを乗せて出発するのですが、降りる時お客さんは……あれれ？

純粋に絵を楽しめる不思議な絵本

鉄道や自動車を題材にした絵本は特に男の子には根強い人気がありますが、わが家でもそうです。ところがこの『がたごとがたごと』はちょっと変わった絵本です。

少しレトロっぽい駅のホームと列車があり、お客さんが乗り込んで、列車が着いた駅でお客さんが降りる、その繰り返しという単純な構成なのですが、降りる時のお客さんはいつの間にか動物やおばけに変わっています。ところがよく見ると、服装の特徴が残っているのでどのお客さんがどういうふうに変わってしまったかがわかります。間違い探しのように見ていくと、「けん玉を持ったお兄ちゃんは犬になっちゃったんだねえ！」というふうに楽しめます。そして、場面が進むたびに列車の周りの風景もどんどん不思議さを増して、昔の時代にタイムスリップしたり、いつの間にか極楽や地獄のようなところを通過したり、「この列車はいったいどこへ行くのだろう？」といろいろ想像して楽しめます。

さらによく注意して見ると、列車にずっとつきまとっている何かがあります（ここでは書きません。実際の絵本で確かめてくださいね）。これが不思議な存在です。いったいどうして列車につきまとっているのか、どんなに考えてもわかりません。答えの出ない不思議がいっぱいつまった楽しい絵本です。あまり難しいことは考えずに、とにかく親子で楽しむ。こんなスタイルの絵本もいいですね。

同じく西村繁男さんの絵本で『やこうれっしゃ』があります。こちらも絵の隅々までじっくり見て楽しめます。また、鉄道関係の絵本では『はしれ、きたかぜ号』も忘れられません。初めて一人旅をするゆきこちゃんの期待と不安の入り交じった気持ちが伝わってきます。

関連する絵本

やこうれっしゃ
西村繁男/作
福音館書店
1983年　840円（税込）

はしれ、きたかぜ号
渡辺有一/作
童心社
1985年　1,365円（税込）

町田　孝●まちだ小児科/沖縄県中頭郡

263-00439

109　バスにのって

荒井良二/作・絵　偕成社　1992年　1,365円（税込）

「トントンパットントンパットン　まだまだバスはきません」……
時間がゆったりと流れる優しい世界にひたってください。

時間がゆったりと流れる異国の世界

　中東を思わせる広い砂漠の中の一本道にある停留所。旅をしようと思った僕は、ラジオを聴きながらひたすらバスを待ち続けます。日は暮れて夜になり、そして朝になり、翌日ようやく来たバスは超特大の大型バスなのに、ぎゅうぎゅう詰めの満員。「むりですか？」「むりだねえ」の一言で、バスは行ってしまいます。少し考えた僕は、バスを待つのをやめて歩いて行くことにします。題が『バスにのって』なのに、バスに乗れないお話です。

　荒井良二さんが絵本の世界に入ったきっかけは、マーガレット・ワイズ・ブラウンの『おやすみなさいおつきさま』に出会ったからだそうです。一方、ブラウンの『たいせつなこと』を訳した内田也弥子さんは、荒井良二さんを取材で訪れた時にアトリエに飾ってあった原著に出会ったのが翻訳の動機だそうです。なぜ内田さんが荒井さんを取材したかというと、内田さんの娘さんが『バスにのって』のファンだったからだとか。絵本の世界は皆つながって、優しく影響し合っているようです。

　荒井良二さんが描くのは、時間がゆったりと流れる異国情緒の優しい世界。ゴオーッと土煙を上げてやってくるバスは、巨大で何両も連なった列車のよう。乗っている人間が何千人にも見えます。こどもの目線でバスを見ると、きっとこんなふうに見えるでしょう。本当にこどもに親しみやすい絵だと思います。

関連する絵本

はっぴぃさん
荒井良二/作・絵
偕成社
2003年　1,365円（税込）

▲なんでも願いを聞いてくれるというはっぴぃさん。心が温まります。

たいせつなこと
マーガレット・ワイズ・ブラウン/作
レナード・ワイスガード/絵
内田也哉子/訳
フレーベル館
2001年（原作1949年初版）
1,260円（税込）

▲なによりも「たいせつなこと」は自分が自分であること。

高田　修●たかだこども医院/宮城県宮城郡

263-00439

110 はたらきもののじょせつしゃ けいてぃー

バージニア・リー・バートン/文・絵　いしいももこ/訳

福音館書店　1978年　1,260円（税込）

大雪に降り込められた街を救う除雪車のお話です。

よろしい、わたしについていらっしゃい

外来の本棚に置いてあるこの本が、３年たってぼろぼろになってきたので、新しい本を注文しました。ちょっと長めで、ただただ一生懸命働くというこのお話が、こども達に支持されていることが、とても嬉しいです。バートンさんの本の主人公は無生物であることが多いのですが、皆しっかり“人格”を持ったものとして描かれています。画面のほとんどが機械や建物であるにもかかわらず、フリーハンドの色鉛筆で描かれたようなタッチなので、受ける印象はとても暖かです。人間が機械に使われたり振り回されたりする前の時代、機械も人間もともに力を出し合い、助け合って暮らしてきた“old good days”――そんな香りがします。

お話は、けいてぃーという力持ちのトラクターが、大雪の日、どれほど皆を助けたか、というものです。街のすべてが埋まってしまった時、唯一動いているのが、けいてぃー！　東に倒れた電柱あれば電話局員を連れ、西に急病人あれば医者を連れ、南に火事あれば消防車を連れ。最後にはさすがのけいてぃーもちょっと疲れるんですが、飛行場の除雪もやり遂げるのです。

「よろしい、わたしについていらっしゃい」というのは、頼まれた時のけいてぃーの返事です。これを聞いただけで、街の人はどれほどほっとしたことでしょう。最終ページ、手を広げてけいてぃーを迎える道路管理局の人も素敵です。

また、この本の価値は見開きで詳細に描かれた街の地図にも支えられていると思います。この地図を眺め、実際にけいてぃーの掘り起こした場所を確認し、けいてぃーの動いた道のりをたどるだけで、こども時代、私はどれほどの時間を過ごしたでしょう。

関連する絵本

マイク・マリガンとスチーム・ショベル
バージニア・リー・バートン/文・絵
いしいももこ/訳
童話館出版
1995年　1,575円（税込）

いたずら きかんしゃ ちゅう ちゅう
バージニア・リー・バートン/文・絵
むらおかはなこ/訳
福音館書店
1961年　1,155円（税込）

多田香苗●明和病院/兵庫県西宮市

111　ろけっとこざる

H.A. レイ / 文・絵　光吉夏弥 / 訳

岩波書店　1984 年　1,365 円（税込）

手紙を書こうとしてインクをこぼし、きれいにしようとして部屋を水浸しに。くみ出しポンプを借りようとして農場に出かけ……もう、めちゃくちゃ！　なのに最後はみんなハッピー。

悪意の無いいたずらとハッピーエンドが魅力

アフリカから連れてこられた、知りたがりやのこざるジョージ（『ひとまねこざるときいろいぼうし』1941年）。動物園を脱出し、大好きな「きいろいぼうしのおじさん」と一緒に住むことになります（『ひとまねこざる』1947年）。そしてこの『ろけっとこざる』では、なんとロケットに乗り、宇宙船からの大脱出を披露してくれます。

一人でお留守番中のジョージに手紙が届きます。何が書いてあるのか知りたくてたまりません。でも字が読めません。読めないなら書いてやろうと万年筆を取り出します。でもインクが空っぽです。じゃあインクを入れよう！　ところが、じょうごが大きすぎてインクがボタボタ床を汚します。よし、石けんで洗おう！　てんこもりの粉石けんにホースで水をじゃあじゃあ。あらら、部屋の中はプールみたいに水浸し。どうしよう……。そうだ、ポンプだ！　近くの農家からくみ出しポンプを借りようとして四苦八苦するうちに農場はめちゃくちゃに……。どんどん泥沼にはまっていくジョージ。結末はいかに？

「知りたい」「やりたい」という気持ちのままに行動し、結局最後には大成功をおさめるジョージに、こども達は自分を重ね合わせるようです。3歳の息子にも読んでとせがまれます。ただ、小さい子への読み聞かせには、少し文章が長いので、次のページをめくるまで待ちきれなくて大騒ぎ。そこで少しはしょって、「ありゃりゃ！　たいへんだあ！」とか「うわ！　お部屋がお池になっちゃったあ！」とか、アドリブで読んだりもします。H.A.レイの絵は、それでも十分意味が通じるほど、しっかりと描かれています。

聞き手に合わせる読み聞かせのコツを教えてくれた絵本です。

関連する絵本

じてんしゃにのるひとまねこざる
H.A.レイ/文・絵
光吉夏弥/訳
岩波書店
1983年　1,365円（税込）

▲自転車をプレゼントされたジョージ。最後にはサーカスで曲乗りを披露してスターに！

ひとまねこざるびょういんへいく
マーガレット・レイ/文
H.A.レイ/絵
光吉夏弥/訳
岩波書店
1984年　1,470円（税込）

▲パズルのピースを飲み込んでお腹が痛くなったジョージ。病院でも大失敗。なのに最後は大成功。

高田　修●たかだこども医院/宮城県宮城郡

112　ショコラちゃんの おでかけドライブ

中川ひろたか/文　はたこうしろう/絵

講談社　2001年　893円（税込）

ショコラちゃんは車に乗っておでかけ。途中でパンも買ってごきげん。ところが、突然タイヤがパンク。さあ、困ったどうしよう。

「全国訪問おはなし隊」がやって来た！

平成15年の春分の日に、「全国訪問おはなし隊」のキャラバンカー（移動図書館のようなトラック）が僕の医院にやって来ました。これは、講談社の読書推進事業の一つで、各都道府県を1カ月毎に回っているのです。多くは幼稚園、保育所、大きな本屋さん等を回っているのですが、新聞誌上で一般公募していたので申し込んだところ、来てもらえることになったのです。イベントは1時間ほどで、最初の30分間は読み聞かせ・紙芝居等を待合室で、後半はキャラバンカーの絵本を屋外（医院の駐車場）で好きずきに読みました。幸いお天気に恵まれ、青空の下、親子で絵本を手にする光景があちこちで見られました。

地元のボランティアの方が、手遊び、エプロンシアター、パネルシアターを交えて、読み聞かせをしてくれました。また、専属のスタッフの方が紙芝居でされたのがこのお話だったのです。パンを買う場面ではどのパンが好きかで盛り上がりました。パンクして困っていると、友達のプリンちゃんが動物達を呼び集めて助けてくれます。動物達が車を引っぱる場面では、「うんしょ、うんしょ」と見ているこども達も一緒にかけ声をかけて手伝いました。プリンちゃんのパパがパンクを直してくれて、無事おうちに帰ることができました。

不況の折、公的移動図書館が廃止されているようです。キャラバンカーには、その分頑張っていただいて、これからも日本中のこども達に絵本を届け、絵本の素晴らしさ、楽しさを伝え続けてほしいと思います。

関連する絵本

ショコラちゃんは おいしゃさん
中川ひろたか/文
はたこうしろう/絵
講談社
2003年　893円（税込）

▲病気の動物達を助けるため飛行機でアフリカへ。

ショコラちゃんの レストラン
中川ひろたか/文
はたこうしろう/絵
講談社
2004年　893円（税込）

▲お料理を作り過ぎてレストランを始めました。

住谷朋人●住谷小児科医院/高松市

263-00439

絵本のある風景……⑭

かかりつけ本屋さん

多田香苗○明和病院／兵庫県西宮市

この本を手に取っていただいて、ありがとうございます。この本を見て、読んでみたいと思われた絵本がありましたら、光栄です。

さて、これからどうされますか？　図書館に行ってじっくりチェック？　近所の本屋さんの絵本コーナー？　出入りの本屋さんにリストを渡す？　インターネットで注文？

できましたら、絵本専門店を訪ねていただきたいな、と思います。そして、その本屋さんといろいろ会話してみていただけたら、と。会話といっても、店員さんとおしゃべりすることだけを指しているわけではありません。絵本の並べ方、飾り方、今月のお勧め本、絵葉書やぬいぐるみなどの関連グッズ、講演会や展覧会の案内、などなど、お店が語りかけているたくさんのことを感じていただくことができたなら、絵本がもっと近しいものになるかと思います。

お近くに絵本専門店のない方は、インターネットで絵本専門店を利用することもできます。工夫を凝らしたホームページを見ることで、絵本専門店の雰囲気を味わうことができるでしょう。そして、スタッフの方とメールで会話することもできると思います。

そのようにして、自分の好みに合った「かかりつけ本屋さん」を見つけることができたら、とても幸運なことだと思います。

さて、１回でどさっと本棚１つ分の本を買って、それで完成としてしまうのは、少し寂しいです。できましたら、月に１冊でも本を増やしていっていただきたいな、と思います。きちんと整頓され、育てられている本棚は、利用するお母さんやこども達に“本を大切にする心”を伝えてくれると、信じているからです。

そのためにも、「かかりつけ本屋さん」を持つことのメリットをあげてみましょう。

まず、本を継続的に買い続けていくうちに、自分の好みに合った本と、自分ではたぶん買わないであろう本の両方を示してくれること。本の感想を本屋さんに伝えてゆくと、自分の好みが本屋さんに通じていきます。そうすると、好きそうな本を推薦してくださったりする。また、自分の好みではないだろうけれど、こどもが喜ぶ本も紹介してくださる。そうすると、自分好みでもあるけれど偏ってもいない、開かれた本棚を作ることができます。

もうひとつは、「こどもの本」に関わる専門家集団（著者、書店、出版社など）のパトロ

263-00439

ンになって、「こども文化」を支えることができること。大資本のインターネット書店で本を買うのは簡単・便利ですが、せっかくこどもの本にお金を使うなら、その普及に力を尽くしている方々が経済的に恵まれるようにしていただけたら、と思うのです。ぶっちゃけた話、経営が成り立たなくなった専門店もあるからです。

その他、毎月1、2冊を定期購入する配本システムも興味深いと思います。いくつかの絵本専門店で実施されています。本屋さんが独自で発行している情報紙（その月のお勧め本や、こどもにまつわるあれこれ）も、こどもに関わる方々のよい参考になることでしょう。

176～181ページに全国児童書専門店リストを紹介しています。参考にしていただければ幸いです。

絵本専門店での読み聞かせ会の様子
（メルヘンハウス提供）

9月のギャラリーは
9月4日（土）
～9月20日(祝)

高畠純絵本原画展
『だじゃれ絵本・3冊すべて』

すいぞくかん
どうぶつえん
しょくぶつえん

9月のブックメニューは
乗り物特集

のりもの
でんしゃ
ひこうき
ふね

●連載・リレーエッセイ（その45）　小森　香折　さん

もぐらとじどうしゃ

絵本専門店が発行する情報紙の一例（メルヘンハウス提供）

263-00439

本との出合いは、人との出会い

三輪　哲●メルヘンハウス代表／名古屋市

絵本はこどもだけのものでしょうか？　いいえ、こどもだけのものにしておくにはもったいないです。なぜなら、いい絵本はおとなの心をも揺さぶります。ここ30年ぐらいの間に絵本の世界もずいぶん変わってきました。作家のひろがり、読者のひろがりがどんどん加速されてきました。それに伴い、こどもという範疇を飛び出してきました。私の店（子どもの本専門店・メルヘンハウス）には、こどもにまじってたくさんのおとなが絵本を買いに来ます。考えてみれば、絵と文章が織りなす独特の世界は、年齢を問わず心に感動を呼び起こす媒体ですから不思議ではありません。店内では、おとなとこども（多くの場合、親子ですが）が1冊の絵本を楽しんでいる姿が年々多くなってきました。この光景を注意深く見てみると、おとなは決して「与え手」ではなく、こどもと同じ世界を共有し、楽しんでいる「読者」になりきっています。そして、こどもの感動をとても新鮮に受け止め、自分のものとして取り込んでいるようです。あたかも、日常に振り回されているおとなが、忘れ去ったあの瑞々しい感性を呼び戻しているようにも見えます。

さて、こんな風に多くの絵本をこどもとともに楽しんだ経験はどうなるでしょう。私の店では、毎週土曜日「お話玉手箱」と称してメルヘンハウスお話会を開いています。もう30年以上続けている大切な時間です。もちろんその時に来店しているこども達相手ですから、まったく初対面というケースも多いのです。でも絵本のページを開いたとたん、こども達と私達の間には、昔からの知り合いのような親近感がお互いに生まれます。「おじさんこの間はありがとう。とても面白かったよ」、街で出会うこども達からこんな声をかけてもらうこともあります。1冊の絵本が世代を超え、環境を超え、人と人との心をつなぐのです。まさに「本との出合いは、人との出会い」なのです。

「待合室の絵本」——とてもすてきな響きがあります。この中に「医者と患者」という緊張感を和らげるものがあるように思うのは、私だけでしょうか。絵本という名詞は不思議なもので、それ自体になんともいえない柔らかさが潜んでいるのです。親に連れられて、こわごわと医院のドアを開けるこども達の目に飛び込む色とりどりの絵本は、緊張している心をきっと開放させます。でも置いてあるだけでは活かされません。こどもとともに読んでみたいものです。こどもが何に喜び、何に感動するか知ることができます。「白衣（今は着ないかもしれませんが）の読み聞かせ」——すてきなことです。こどもと共通する絵本の話題が

263-00439

できたら、「あれ、この先生（看護師さん）、ちょっとちがうぞ！」と、こども達の目がキラリと光るのではないでしょうか。

力学的に考えれば、こどもはおとなに対して圧倒的に弱い立場です。ある意味では、こどもはおとなの存在に恐れおののいていると言ってもいいかもしれません。でも、どうしてもおとながかなわないものが、こどもの心にあることも私達は知らなければなりません。それは感性の世界です。うれしい、悲しい、楽しい、つらい、憤り……、こども達のこんな感情は私達が想像できない深いところにあります。強いおとなが絵本を通して、感性の世界をこどもと共有すると、そこには素晴らしい桃源郷が出現します。しばらくその世界で一緒に遊んでみると、今まで見えなかったお互いの心が見えてきて、深いところでの相互理解につながっていくのです。

「先生（看護師さん）！また本読んでね！楽しかったよ」、小児科医院の中でこんな会話が、日常的に交わされるとすてきですね。

この本を作るにあたって、お手伝いをさせていただきましたが、とても楽しいものでした。何よりも編集委員の先生方が、夢中になって絵本を語る姿がすてきでした。こどもの病気を治すという超日常の世界に身を置いておられる医師が、こども達の心に想いを馳せ、熱く語り合いながらつくりあげたこの本は、間違いなくこどもの心に届くものと確信しています。この本が小児科医院の待合室に、絵本を置く手助けになってくれることを願っています。またこどもの本専門店として、今後もずっとお手伝いさせていただければと思っています。

30年以上も続けているメルヘンハウスでのお話会。絵本のページを開いたとたん、
読み手とこども達の間に親近感が生まれる

263-00439

全国児童書専門店リスト

『この本 読んで！』第14号・2005年春号（財団法人 出版文化産業振興財団 http://www.jpic.or.jp/）より転載

書店名	住　所	TEL / HPアドレス
札幌NIKITIKI ろばのこ	〒001-0037 北海道札幌市北区北37条西6-1-18	TEL. 011-736-6675 http://www.robanoko.com
どりーむきゃっちゃー	〒002-8024 北海道札幌市北区篠路4条3-8-29	TEL. 011-773-6639 http://www.hpmix.com/home/fusenobasan/E12.htm
絵本と木のおもちゃ専門店 ぶっくはうすりとるわん	〒003-0024 北海道札幌市白石区本郷通6丁目南2-1-101	TEL. 011-860-1325 http://www.little-one.co.jp
ちいさなえほんや ひだまり	〒006-0803 北海道札幌市手稲区新発寒三条4-3-20	TEL. 011-695-2120 http://www005.upp.so-net.ne.jp/tsukushinoko/ehon/ehon_info.html
はろー書店 （洋書絵本専門）	〒060-0063 北海道札幌市中央区南三条西1丁目和田ビル3F	TEL. 011-219-2776
絵本の広場 ポケット	〒061-1434 北海道恵庭市柏陽町4-8-2	TEL. 0123-33-8535
えほんのへや メッセージ	〒068-0828 北海道岩見沢市鳩が丘1-12-4	TEL. 0126-24-9588
こども冨貴堂	〒070-0037 北海道旭川市7条8丁目買物公園内	TEL. 0166-25-3169 http://www.fukido.co.jp
こどもとおとなのプー横丁	〒085-0058 北海道釧路市愛国東4-2-4	TEL. 0154-36-5298
こどもの本の店 でぃん・どん	〒097-0002 北海道稚内市潮見3-3-6	TEL. 0162-34-0241
アイウエオの木	〒030-0918 青森県青森市けやき1-15-5	TEL. 017-726-2222 http://www.city.aomori.aomori.jp/kikaku/npo/search/148.html
さわや書店MOMO	〒020-0022 岩手県盛岡市大通2-2-14	TEL. 019-623-4422
こどものほんのみせ ポラン	〒980-0021 宮城県仙台市青葉区中央4-4-4勅使河原ビル1F	TEL. 022-265-1936 http://homepage1.nifty.com/poran
絵本と木のおもちゃ 横田や	〒981-0931 宮城県仙台市青葉区北山1-4-7	TEL. 022-273-3788
チャイルドハウス Nezumi-kun（横田や兄弟店）	〒981-3133 宮城県仙台市泉区中央1-4-1セルバ4F	TEL. 022-371-2205
Bell Tree's Books Space	〒981-4401 宮城県加美郡加美町宮崎字町34-2	TEL. 0229-69-5008
ALDO	〒981-4401 宮城県加美郡加美町宮崎字中浦1-4-3	TEL. 0229-69-6039 http://www.interq.or.jp/green/aldo
ラストリーフ	〒998-0842 山形県酒田市亀ヶ崎3-7-2	TEL. 0234-22-7771
カシオペイア	〒963-0205 福島県郡山市堤1-88堤マンション1-102	TEL. 024-952-7583 http://www.cassiopeia.co.jp
子どもの本専門店 ばく	〒321-0165 栃木県宇都宮市緑3-7-30	TEL. 028-659-4527
絵本と童話 本の家	〒370-0852 群馬県高崎市中居町4-31-17	TEL. 027-352-0006 http://www3.ocn.ne.jp/~honnoie
子どもの本の店 アスラン	〒366-0802 埼玉県深谷市桜ヶ丘236-1	TEL. 048-572-3915 http://www.h7.dion.ne.jp/~aslan/index.html

263-00439

書店名	住　所	TEL / HPアドレス
こどもの本の広場 会《え》留《る》府《ふ》	〒260-0854 千葉県千葉市中央区長洲1-10-9	TEL. 043-227-9192 http://www.elf-book.com
子どもの本と木のおもちゃの店 宝島	〒274-0063 千葉県船橋市習志野台3-2-106	TEL. 047-464-6448
小さな小さな絵本の館 グリム	〒294-0023 千葉県館山市神余4561-42	TEL. 0470-28-0477 http://www.boowy.net/grimm-books
教文館子どもの本のみせ ナルニア国	〒104-0061 東京都中央区銀座4-5-1	TEL. 03-3563-0730 http://www.kyobunkwan.co.jp
クレヨンハウス	〒107-8630 東京都港区北青山3-8-15	TEL. 03-3406-6492 http://www.crayonhouse.co.jp
たんぽぽ館	〒125-0062 東京都葛飾区青戸1-19-5	TEL. 03-3693-7577 http://www.ohisama.shogakukan.co.jp/ohisama/books/shop.tanpopo.html
本とおもちゃの店 TETOTETO	〒135-0016 東京都江東区東陽3-26-10	TEL. 03-3645-1484 http://www3.ocn.ne.jp/~tetoteto
絵本の店 星の子	〒145-0061 東京都大田区石川町1-26-8	TEL. 03-3727-8505 http://homepage2.nifty.com/hoshinoko
ティール・グリーン	〒146-0088 東京都大田区千鳥2-30-1	TEL. 03-5482-7871 http://www.teal-green.com（店舗移転のため、一時ホームページのみの営業）
ちえの木の実	〒150-0002 東京都渋谷区渋谷2-22-8名取ビル1F	TEL. 03-5468-0621
キッズブックス （洋書絵本専門）	〒150-0012 東京都渋谷区広尾5-16-1北村60館2F	TEL. 03-5420-1504 http://www.kidsbks.co.jp
フィオナ （洋書絵本専門）	〒158-0083 東京都世田谷区奥沢5-41-5ソルフィオーレ自由が丘102	TEL. 03-3721-8186 http://www.fiona.co.jp
トムズボックス	〒180-0004 東京都武蔵野市吉祥寺本町2-14-7ライヴス内	TEL. 0422-23-0868 http://www.tomsbox.co.jp
おばあちゃんの玉手箱	〒180-0004 東京都武蔵野市吉祥寺本町2-31-1山崎ビル1F・2F	TEL. 0422-21-0921 http://www5e.biglobe.ne.jp/~obatama/right.html
りとる	〒181-0012 東京都三鷹市上連雀1-1-5	TEL. 0422-36-4771
プーの森	〒181-0013 東京都三鷹市下連雀3-30-12-104	TEL. 0422-42-5333 http://homepage3.nifty.com/poohnomori
モリス	〒181-0035 東京都府中市四谷3-55-87	TEL. 042-334-0967 http://www.d2.dion.ne.jp/~morris98
夢の絵本堂	〒183-0055 東京都府中市府中町2-20-13丸善ビル105	TEL. 042-358-0333
ペンギンハウス	〒186-0002 東京都国立市東3-6-17	TEL. 042-571-6596 http://www.bun-you.com
絵本・児童書専門店 桃太郎	〒186-0002 東京都国立市東2-12-26	TEL. 042-576-2189 http://www.momotarou5.com
トロル	〒189-0022 東京都東村山市野口町1-11-4	TEL. 042-392-5304 http://www.troll-ren.jp
子どもの本の店 ともだち	〒223-0062 神奈川県横浜市港北区日吉本町3-12-20	TEL. 045-561-5815 http://homepage3.nifty.com/tomodachi

全国児童書専門店リスト

書店名	住　所	TEL / HPアドレス
よちよち屋	〒228-0813 神奈川県相模原市松が枝町9-21	TEL. 042-746-6117 http://members.jcom.home.ne.jp/yotiyoti
えほんやさん	〒233-0002 神奈川県横浜市港南区上大岡西3-7-23	TEL. 045-844-1236 http://yokohama.cool.ne.jp/ehon_yasan
スモールギャラリー	〒254-0034 神奈川県平塚市宝町9-14スモールワールド平塚校内	TEL. 0463-24-1410 http://www.createls.co.jp/youji/small_hiratsuka.htm
アリスの部屋	〒254-0045 神奈川県平塚市見附町12-7	TEL. 0463-36-4300
カンガルーハウス	〒259-1132 神奈川県伊勢原市桜台1-13-6	TEL. 0463-92-2016
絵本専門店 ゆめや	〒400-0017 山梨県甲府市屋形3-3-7	TEL. 055-254-6661
たつのこ書店	〒390-0874 長野県松本市大手4-3	TEL. 0263-35-4018
ちいさいおうち書店	〒390-0877 長野県松本市沢村3-4-41	TEL. 0263-36-5053
すみれ書房	〒395-0083 長野県飯田市錦町2-13	TEL. 0265-22-6615
コマ書店	〒396-0021 長野県伊那市大字伊那ますみヶ丘351-7	TEL. 0265-78-4030
プー横丁	〒930-0063 富山県富山市太田口通り3-3-11	TEL. 076-422-0010 http://www.pooh.co.jp
チルクリ	〒921-8034 石川県金沢市泉野町5-3-3	TEL. 076-247-4473
じっぷじっぷ	〒910-0017 福井県福井市文京2-8-11	TEL. 0776-25-0516 http://www.jipjip.net
Book Gallery トムの庭	〒465-0033 岐阜県多治見市本町5-9-1たじみ創造館2F	TEL. 0572-23-5402 http://homepage2.nifty.com/tom-garden
おおきな木	〒500-8043 岐阜県岐阜市伊奈波通3-11	TEL. 058-264-2393 http://www.andynet.co.jp/ookinaki
こどものほんや ピースランド	〒506-0053 岐阜県高山市昭和町1-135-54	TEL. 0577-34-5356
さかえ書房	〒417-0001 静岡県富士市今泉3-14-3	TEL. 0545-52-4812
もりの書店	〒417-0047 静岡県富士市青島町85	TEL. 0545-52-8555
百町森	〒420-0839 静岡県静岡市鷹匠1-14-12	TEL. 054-251-8700 http://www.hyakuchomori.co.jp
絵本の店 「遊」	〒420-0913 静岡県静岡市瀬名川2-22-14	TEL. 054-261-2522
子どもの本専門店 ピッポ	〒424-0886 静岡県静岡市清水草薙1-6-3	TEL. 0543-45-5460 http://www.pippo.co.jp
えれふぁんと	〒430-0938 静岡県浜松市紺屋町300-10	TEL. 053-456-7859

263-00439

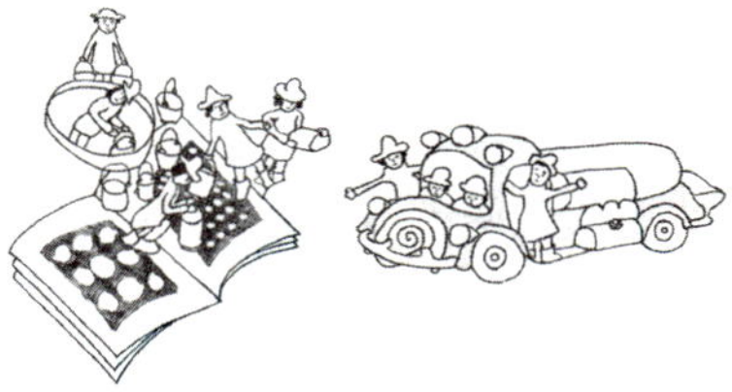

書店名	住　所	TEL / HPアドレス
Books&wares てぃんかぁ・べる	〒440-0888 愛知県豊橋市駅前大通3-52	TEL. 0532-53-3486 http://tinkbell.to
ちいさいおうち	〒444-0047 愛知県岡崎市八幡町3-8-1	TEL. 0564-25-5760 http://homepage1.nifty.com/livre
花のき村	〒446-0036 愛知県安城市小堤町5-14	TEL. 0566-75-5083 http://www.sun-inet.or.jp/~hananoki
えほんのみせ リトルベア	〒458-0045 愛知県名古屋市緑区鹿山2-27	TEL. 052-899-1282 http://www.mc.ccnw.ne.jp/koguma
こっこ COCO	〒463-0037 愛知県名古屋市守山区天子田4-1311	TEL. 052-773-8495 http://www.gctv.ne.jp/~kokococo
メルヘンハウス	〒464-0850 愛知県名古屋市千種区今池2-3-14	TEL. 052-733-6481 http://www.meruhenhouse.co.jp
夢文庫ピコット	〒468-0015 愛知県名古屋市天白区原1-1616	TEL. 052-803-1020 http://www.pikot.com
メリーゴーランド	〒510-0836 三重県四日市市松本3-9-6	TEL. 0593-51-8226 http://www.merry-go-round.co.jp
おはなしの森	〒514-0003 三重県津市桜橋3-398-3	TEL. 059-222-5554 http://www.ztv.ne.jp/aonuma
えほんと童話の店 みやがわ書店	〒519-0505 三重県度会郡小俣町本町163	TEL. 0596-22-4317
ころぽっくるの家	〒520-0032 滋賀県大津市観音寺5-3	TEL. 077-522-9849 http://www.e510.jp/koropokkuru
カーサ・ルージュ （赤い隠れ家）	〒520-1812 滋賀県高島郡マキノ町西浜953-17	TEL. 0740-28-8035 http://www.kb2001.jp
絵本倶楽部®	〒520-2353 滋賀県野洲市久野部195-1	TEL. 077-586-5485 http://www.ehonclub.com
キッズいわきぱふ　草津店	〒525-0059 滋賀県草津市野路1-3アメニティ南草津IV 102	TEL. 077-569-3003 http://web.kyoto-inet.or.jp/people/kidspuff
トーイハウス童	〒603-8075 京都府京都市北区上賀茂中大路町4-5	TEL. 075-781-9706 http://www.toy-warabe.com
きりん館	〒606-8202 京都府京都市左京区田中大堰町157	TEL. 075-721-9085 http://www.kirinkan.jp
きんだあらんど	〒606-8354 京都府京都市左京区新間之町二条下ル頭町351	TEL. 075-752-9275
キッズいわきぱふ　宇治店	〒611-0021 京都府宇治市宇治妙楽31	TEL. 0774-21-2792 http://web.kyoto-inet.or.jp/people/kidspuff
スカンジナビアブックギャラリー	〒611-0041 京都府宇治市槇島町落合142-1京都生協メイティ1F	TEL. 0774-28-1128 http://machi.goo.ne.jp/0774-28-1128
えほん館	〒615-8212 京都府京都市西京区上桂北ノ口町14-27	TEL. 075-383-4811 http://go.fc2.com/ehonkan
Books & café Wonderland	〒617-0002 京都府向日市寺戸町久々相8-2	TEL. 075-931-4031
風の本屋	〒535-0013 大阪府大阪市旭区森小路2-11-28	TEL. 06-6951-0498 http://www5e.biglobe.ne.jp/~kazehon

全国児童書専門店リスト

書店名	住　所	TEL / HPアドレス
クレヨンハウス大阪店	〒564-0062 大阪府吹田市垂水町3-34-24	TEL. 06-6330-8071 http://www.crayonhouse.co.jp
（有）児童書 森田	〒581-0065 大阪府八尾市亀井町2-4-39	TEL. 0729-23-1134
こどものベンチ	〒581-0802 大阪府八尾市北本町2-11-7	TEL. 0729-23-1872
赤いポケット	〒590-0021 大阪府堺市北三国ヶ丘町1-1-37-101	TEL. 072-224-2627
トーイハウス童 岸和田店	〒596-0821 大阪府岸和田市小松里町2231	TEL. 0724-44-1806
ひつじ書房	〒658-0072 兵庫県神戸市灘区岡本1-2-3	TEL. 078-441-6869 http://hituji3-web.hp.infoseek.co.jp
ブックス シオサイ	〒662-0834 兵庫県西宮市南昭和町10-19	TEL. 0798-64-8552
ジオジオ	〒675-0012 兵庫県加古川市野口町野口119-9	TEL. 0794-26-6704 http://www.fan.hi-ho.ne.jp/ziozio
絵本屋いちいの木	〒631-0801 奈良県奈良市左京2-2-27	TEL. 0742-72-1181 http://www2.odn.ne.jp/ichiinoki_rio
新風堂書店	〒631-0805 奈良県奈良市右京3-2-2	TEL. 0742-71-4646 http://www5d.biglobe.ne.jp/~shinpudo
こどものとも	〒649-6333 和歌山県和歌山市永穂283-1	TEL. 073-464-3766
春秋書店	〒682-0721 鳥取県東伯郡湯梨浜町田後595-8	TEL. 0858-35-2620
えほんや とこちゃん	〒683-0067 鳥取県米子市東町71-73	TEL. 0859-34-2016
くんぺる	〒700-0975 岡山県岡山市今6-4-9	TEL. 086-246-2227 http://ww9.tiki.ne.jp/~kumpel
トムテの森	〒708-1125 岡山県津山市高野本郷1474-6	TEL. 0868-26-7123
麦わらぼうし	〒724-0503 広島県賀茂郡黒瀬町南方1199-1	TEL. 0823-83-0803
えほんてなブル	〒730-0845 広島県広島市中区舟入川口町8-7	TEL. 082-295-2189
絵本と木のおもちゃ フォーゲル	〒742-0031 山口県柳井市南町6-4-4	TEL. 0820-24-1188 http://www.doshikan.jp
TINY BROWN	〒745-0807 山口県周南市城ヶ丘4-8-25	TEL. 0834-28-4512
こどもの広場	〒750-0001 山口県下関市幸町7-13	TEL. 0832-32-7956 http://www.kodomonohiroba.co.jp
りとるまみい	〒770-0046 徳島県徳島市鮎喰町2-159	TEL. 088-631-4925 http://www.little-mammy.co.jp
えほんの杜	〒761-0612 香川県木田郡三木町氷上2336	TEL. 087-898-1375

書店名	住　所	TEL / HPアドレス
ウーフ	〒763-0081 香川県丸亀市土器町西5-88	TEL. 0877-24-4667 http://ww8.tiki.ne.jp/~u-hu
ウォルナットグローブ	〒794-0803 愛媛県今治市北鳥生町2-4-28	TEL. 0898-33-1005
うさぎのしっぽ	〒799-1101 愛媛県西条市小松町新屋敷甲2922	TEL. 0898-72-3241
えほんの店 コッコ・サン	〒780-0051 高知県高知市愛宕町3-12-7	TEL. 088-825-1546
ファミーユ	〒780-0862 高知県高知市鷹匠町1-3-10	TEL. 088-873-5818
おもちゃコンサルタントのいる店 ドクスピール	〒815-0035 福岡県福岡市南区向野2-18-1 フローラルハイム1F	TEL. 092-542-0550 http://www.docspiel.com
子どもの本専門店 エルマー	〒816-0801 福岡県春日市春日原東町3-16	TEL. 092-582-8639
瓢鰻亭ひまわりこども	〒824-0121 福岡県京都郡豊津町豊津326-1	TEL. 0930-33-8080 http://www.hyomantei.com
からすのほんや	〒820-0082 福岡県嘉穂郡穂波町若菜259-81	TEL. 0948-29-8888 http://www.kawasuji.com/karasunohonya
特定非営利活動法人 子どもの本屋　ピピン	〒840-0851 佐賀県佐賀市天祐2-7-5	TEL. 0952-27-8846 http://www.bunbun.ne.jp/~pippin
子どもの本の店 童話館	〒850-0931 長崎県長崎市南山手町2-10	TEL. 095-828-0716 http://www.douwakan.co.jp
ブレーメン （絵本の森）	〒854-0022 長崎県諫早市幸町27-14	TEL. 0957-22-0696 http://www.ne.jp/asahi/bremen/toy
竹とんぼ	〒861-2402 熊本県阿蘇郡西原村小森1847-3	TEL. 096-279-2728 http://www.taketonbo.net
絵本館 えるむの木	〒862-0924 熊本県熊本市帯山3-12-7	TEL. 096-384-0673 http://www.erumunoki.com
絵本とおはなしの店 ぺぺぺぺらん	〒861-8076 熊本県熊本市麻生田1-2-2	TEL. 096-337-0450 http://www.pepepeperan.com
木城えほんの郷 森のほんやさん	〒884-0104 宮崎県児湯郡木城町石河内475	TEL. 0983-39-1141 http://www.mnet.ne.jp/~ehon
ブックシャトー えほんばこ	〒890-0054 鹿児島県鹿児島市荒田2-58-15プリオール荒田	TEL. 099-257-6341
絵本と木のおもちゃの店 トムテ	〒903-0125 沖縄県中頭郡西原町上原116-6	TEL. 098-946-6066
アルム	〒904-0012 沖縄県沖縄市安慶田1-29-10くすぬち平和文化館	TEL. 098-938-4192

この本を編集した小児科医たち

【編集委員】（五十音順）

小野元子●おのクリニック／千葉県松戸市

絵本から広がる育児支援の輪

小児科医が絵本を通して実践できることは、身近なところにたくさんあります。待合室に好きな絵本を並べる、院内報で絵本についてのアンケートをとる、園医をしている保育園で読み聞かせをする、などなど。小さな一歩が育児支援につながっていけばうれしく思います。

北原文徳●北原こどもクリニック／長野県伊那市

お父さんにも伝えたい絵本の魅力

たいていの父親にとって、絵本は取っつきにくくて訳のわからないものだと思います。僕もそうでした。でも、ちょっとだけ頑張って、こどもに絵本を読み聞かせてみませんか。だんだん面白くなってきたら、こっちのもの。いまではすっかり絵本の魅力にはまり、読み聞かせバンドを結成し、絵本ライヴに飛び回っています。

佐々木邦明●佐々木こどもクリニック／名古屋市

待合室に絵本を

待合室にテレビではなく絵本を置くと、うれしい変化が起こります。診察を待つ間の親子の親密度が増す、診察室での小児科医とこどもの距離が縮まる、スタッフとの絵本を話題にした会話が弾む……。こどもの世界が凝縮されている絵本は、こどものことを知るための教科書のようなものです。さて、待合室にどんな絵本を並べましょうか。

住谷朋人●住谷小児科医院／高松市

絵本がくれる触れ合いの時間

ほんの数年前から絵本に興味を持ち始めた僕は、遅れを取り戻すかのように、自分のこどもたちや、もっと小さいこどもたちに読み聞かせをしています。最後まで聞いてくれるか時にはハラハラしながらも、こどもの感性の豊かさに驚いたり、大喜びする様子に感動したり……。こどもだちとの触れ合いの時間に、いつも元気を与えてもらっています。

263-00439

高田　修●たかだこども医院／宮城県宮城郡

絵本が伝えてくれること

子育てに不安や戸惑いを抱いているお母さんたちに話をする時、こどもの成長過程や心理状態を描いた絵本を紹介しています。言葉だけでは伝えきれないメッセージが心に届くのでしょう、自然に共感や理解が得られます。このような絵本の底力を、お母さんたちへの育児支援にどんどん活かしていきたいと思っています。

多田香苗●明和病院／兵庫県西宮市

絵本をもっと気軽に

私自身が大の本好きで、本から素晴らしいものをたくさんもらってきたので、多くの人たちと分かち合いたい、という思いがあります。でも、本を読むことに“押しつけ”や“決めつけ”はありません。いろいろな小児科医がいろいろな視点から見つけた絵本たちの中から、面白そうな一冊を見つけていただけたらいいな、気軽に読んでいただけたらいいな、と願っています。

谷村　聡●たにむら小児科／山口県周南市

絵本でコミュニケーションを

絵本は親子のコミュニケーションを深めるツールの一つです。読み聞かせ・読み合いもいいですし、親子で絵本にちりばめられた隠し絵や隠しストーリーを見つけ合うのも面白いものです。絵本そのものを一緒に思いっきり楽しんだら、親子の絆もより深まることでしょう。

松田幸久●まつだこどもクリニック／鹿児島県鹿屋市

絵本を読む楽しさ 作る喜び

年に一度のクリスマス会で話を自作したのがきっかけで、絵本を作る喜びを知りました。その後、生まれたばかりの双子の息子たちのために、手作り絵本に挑戦。自分で作った絵本は、大切な人とのかけがえのない時間をその中にとどめてくれます。多くの人に、世界に一つしかない絵本を作る喜びを知ってほしいと思っています。

【編集協力】

三輪　哲●子どもの本専門店メルヘンハウス代表／名古屋市

心と心をつなぐ絵本

こどもと絵本に関わる人たちはたくさんいますが、小児科医がこのような本を作ったのは初めてで、新しい流れを感じます。小児科医はこどもの病気を診るだけではなくて、こどもの心も見ようとしているんですね。待合室の絵本が、小児科医とこどもの、そしてまわりのおとなとこどもの、心と心をつなぐきっかけになればすてきだと思います。

絵本さくいん

263-00439

小児科医が見つけた えほん エホン 絵本　　ISBN4-263-23475-8

2005年12月25日　第1版第1刷発行
2006年 3 月10日　第1版第2刷発行

編著者　「小児科医と絵本」の会
発行者　大　畑　秀　穂
発行所　**医歯薬出版株式会社**

〒113-8612　東京都文京区本駒込 1-7-10
TEL（03）5395-7617（編集）・7616（販売）
FAX（03）5395-7609（編集）・8563（販売）
URL　http://www.ishiyaku.co.jp/
郵便振替番号　00190-5-13816

乱丁，落丁の際はお取り替えいたします　　印刷・永和印刷／製本・明光社

小児科の先生がお母さんにまっさきにすすめる本です！

お母さんに伝えたい 子どもの病気ホームケアガイド

第2版

日本外来小児科学会／編著

◉ 子どもを診る先生におすすめします！

診察後，家庭でこれだけはやってほしい「家庭でのケアを説明する」ための大切なポイントを，イラスト入りでわかりやすくまとめた本です．必要なページをコピーしてお母さんに手渡し，説明してあげてください．

◉ 子どもが病気になったとき，お母さんにおすすめします！

診断は医師の仕事．医師が診断・処方したあと，家庭でどんなことに注意すればよいかを知りたくなったときにお使いください．

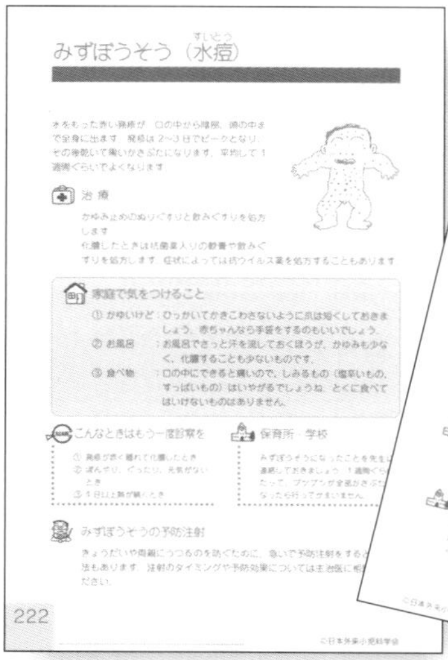

■B5判／192頁／2色刷
■定価2,100円
（本体2,000円 税5%）
ISBN4-263-23422-7

● おもな目次

●弊社の全出版物の情報はホームページでご覧いただけます．http://www.ishiyaku.co.jp/

医歯薬出版株式会社／〒113-8612 東京都文京区本駒込1-7-10／TEL. 03-5395-7610 FAX. 03-5395-7611

2005年6月作成.IS

『お母さんに伝えたい子どもの病気ホームケアガイド』姉妹編！

お母さんに伝えたい 子どものくすり安心ガイド

日本外来小児科学会 編著

第2版

最新刊！

B5判・160頁・2色刷

定価2,100円（本体2,000円 税5%）

ISBN4-263-71060-6

も っとくすりを知りたいお母さん，知らせたい小児科医・薬剤師・看護師の皆様へ！

子どもの病気にだされたくすりについて知りたい・知らせたい情報を，イラスト入り２色刷の見開き頁（左頁に薬の使いかた，効きめ，副作用，保管，その他家庭で注意すべき点など，右頁にくすりの一般名・商品名）などで，わかりやすくまとめました．

ホ ームケアに携わるお母さんの安心ガイドとして！

子どもにくすりをのませるときに，不安なこと，確認したいことがあったら，手引き書としてご活用ください．内容は大切なポイントのみに絞られていますので，わからないところがあったら遠慮なく主治医や薬剤師にたずねましょう．

く すりの情報を知らせたい主治医や薬剤師の必携書として！

くすりの説明をするさいに，必要な頁をコピーして処方したくすりの名まえを記入し，お母さんに手渡せるようにレイアウトされています．適宜肉付けをしてご活用ください．

●弊社の全出版物の情報はホームページでご覧いただけます．http://www.ishiyaku.co.jp/

医歯薬出版株式会社／〒113-8612 東京都文京区本駒込1-7-10／TEL. 03-5395-7610 FAX. 03-5395-7611

2005年12月作成.IS

セルフアセスメントによる

気管支喘息 Q&A

■日本外来小児科学会 編集

A5判・140頁・定価2,520円（本体2,400円　税5%）

小児科の外来医療のなかで，気管支喘息の診療の質の向上を目的とした診療指針となる書．学会員および小児科医へのアンケート調査（「気管支喘息の演習問題」）からの実情結果を背景に解説．

ISBN4-263-23227-5

セルフアセスメントによる

乳幼児健診 Q&A

■日本外来小児科学会 編集

A5判・144頁・定価2,520円（本体2,400円　税5%）

小児科の外来診療の質を向上させるための実務必携書として，開業医が個別乳幼児健診を行う際の実務要点を，Q&A方式により具体的に解説．

ISBN4-263-23201-1

セルフアセスメントによる

予防接種 Q&A

■日本外来小児科学会 編集

A5判・144頁・定価2,520円（本体2,400円　税5%）

開業の実地医家がQ&A方式による学習を通じて，予防接種の実務における具体的問題とその解決策を見いだし，実務能力が向上するように工夫し解説．

ISBN4-263-71057-6

●弊社の全出版物の情報はホームページでご覧いただけます．http://www.ishiyaku.co.jp/

MDP 医歯薬出版株式会社／〒113-8612 東京都文京区本駒込1-7-10／TEL. 03-5395-7610 FAX. 03-5395-7611
2005年7月作成.IS